LA AMISTAD MÁS ALLÁ DE LAS FRONTERAS

Una Guía Practica para Expatriados en Busca de Conexiones

ALAN DE AMBROGI

ÍNDICE

amabilidad y la apertura

• Habilidades de conversación: aprender a hacer preguntas relevantes y mostrar interés

• Explorar pasatiempos e intereses comunes: aprovechar las actividades en grupo para conocer personas afines

4. Construyendo relaciones auténticas

• Ser auténtico: mostrar tu verdadera personalidad y compartir experiencias personales

• El arte de la escucha activa: aprender a dar espacio a los demás y comprender sus perspectivas

• Cultivar la empatía: comprender y respetar las diferencias culturales

5. Superando los desafíos

• La sensación de soledad: enfrentar momentos difíciles y buscar apoyo

• Enfrentar las barreras lingüísticas: encontrar formas creativas de comunicarse y aprender el idioma local

• Manejar las diferencias culturales: navegar por las diversidades para establecer relaciones sólidas

6. Conociendo a locales y extranjeros

• Matices de la amistad

• La importancia de ambos: descubrir las riquezas de las amistades con los locales y los expatriados

• Conocer a los locales: sumergirse en la cultura local, asistir a eventos y lugares frecuentados por los residentes

• Interactuar con los expatriados: participar en grupos y clubes para extranjeros, aprovechar las redes existentes de expatriados

• Abrazar la diversidad: disfrutar de las ventajas de tener amistades tanto locales como internacionales

7. Manteniendo amistades duraderas

- Invertir tiempo y esfuerzo: cultivar las amistades y organizar actividades recurrentes
- Enfrentar los conflictos de manera constructiva: manejar las diferencias culturales y resolver los desacuerdos
- Dar la bienvenida a los recién llegados: ayudar a otros expatriados a adaptarse y sentirse como en casa

INTRODUCCIÓN

¡Bienvenido! Si estás planeando mudarte al extranjero o ya eres un expatriado en busca de conexiones significativas, ¡estás en el lugar indicado! Esta guía está pensada para aquellos que desean trascender las barreras culturales, crear amistades duraderas y disfrutar plenamente de la experiencia de vivir en un país diferente.

Ser un expatriado puede ser una aventura emocionante y, al mismo tiempo, un poco intimidante. Lejos de la familia y amigos de siempre, nos enfrentamos a nuevos desafíos y tratamos de establecernos en una comunidad extranjera. Pero no te preocupes, este libro está aquí para ayudarte a navegar a través de este proceso y convertir los desafíos en oportunidades de crecimiento personal.

A lo largo de las distintas secciones del libro, exploraremos diversas estrategias para crear conexiones auténticas, desde la preparación para la aventura hasta el mantenimiento de amistades duraderas. Aprenderemos a manejar la ansiedad y la emoción de la mudanza, a aprovechar los recursos en línea para conectarnos con anticipación y a abrazar la cultura local con curiosidad.

Exploraremos actividades en grupo, eventos sociales, redes profesionales y voluntariado como herramientas para conocer gente nueva. Descubriremos la importancia de ser auténticos, de escuchar de manera activa y de cultivar la empatía en las relaciones.

Afrontaremos desafíos como la soledad, las barreras

lingüísticas y las diferencias culturales, aprendiendo a superarlos con resiliencia.

Además, exploraremos los matices de las amistades con los locales y los expatriados, reconociendo el valor de ambas perspectivas y abrazando la diversidad que estas conexiones nos ofrecen. Finalmente, aprenderemos cómo mantener amistades duraderas y cómo dar la bienvenida a los recién llegados, ofreciendo nuestro apoyo y experiencia para ayudarles a sentirse como en casa en su nuevo entorno.

Esta guía es un recurso informal y práctico, enriquecido con consejos, historias personales y sugerencias útiles que te acompañarán en tu viaje hacia una vida en el extranjero llena de conexiones significativas. Ya seas un expatriado novato o un veterano en busca de nuevas amistades, "La amistad más allá de las fronteras" será tu guía confiable para crear conexiones auténticas, descubrir nuevas culturas y vivir plenamente la experiencia única de ser un ciudadano del mundo.

Así que prepárate para explorar nuevos horizontes, superar barreras culturales y construir relaciones que perdurarán en el tiempo. Siéntate cómodamente, toma esta guía y sumérgete en un mundo de amistades internacionales. ¡Buen viaje en la búsqueda de la amistad y una vida llena de conexiones profundas y significativas!

CAPÍTULO 1: PREPARÁNDOSE PARA LA AVENTURA

Afrontar El Cambio: Enfrentar La Ansiedad Y La Emoción Del Traslado

El traslado a un nuevo país puede generar una amplia gama de emociones contradictorias.

Por un lado, está la emoción pura, ¡porque sabes que estás a punto de vivir una aventura extraordinaria! ¡Imagina todas las nuevas experiencias, las personas por conocer y los lugares increíbles por descubrir!

Pero luego, inevitablemente, también aparecen la ansiedad y las preocupaciones. "¿Y si no logro adaptarme? ¿Cómo haré para comunicarme si el idioma es diferente? Tal vez esto sea una locura".

Además, tendrás que lidiar con la separación de tus seres queridos. Deberás decir adiós a amigos y familiares, y esto puede ser difícil de enfrentar. Después de todo, dejarás una parte de ti en el lugar que llamas hogar.

Y hablando de hogar, seguramente habrá un sentimiento de nostalgia y melancolía por los lugares que conoces tan bien. No importa cuán emocionante sea el nuevo comienzo, habrá momentos en los que extrañarás todo lo que es familiar y reconfortante.

Oh, y luego está la ansiedad relacionada con todas las cosas prácticas que debes organizar: los documentos, el visado, el trabajo, el alojamiento... ¿Y si algo sale mal? ¿Y si quedas atrapado en una situación desconocida?

Pero ¿sabes qué? Esto también es una oportunidad fantástica para crecer y descubrir. Tendrás la oportunidad de aprender un nuevo idioma, hacer amigos con personas de todo el mundo y sumergirte en una cultura totalmente diferente. Será una verdadera aventura, con todos los desafíos y alegrías que esto conlleva.

Sí, puede dar miedo, pero ¿no se trata la vida de aventuras, verdad? ¡Y tú estás a punto de embarcarte en una extraordinaria! Así que toma aliento, mantén la cabeza en alto y sigue adelante con determinación. Será una oportunidad para crecer, aprender y abrirte a nuevas experiencias.
Aquí tienes algunos consejos para afrontar el cambio y enfrentar la ansiedad y la emoción relacionadas con el traslado.

Informarse e investigar: Prepararse adecuadamente puede ayudar a reducir la ansiedad relacionada con el traslado. Buscar información es fundamental porque te ayuda a estar bien preparado para esta gran transición.

Hay varias razones por las cuales esta fase de investigación es tan importante: Conocer la cultura y las costumbres locales te permite evitar situaciones incómodas o comportamientos inapropiados. Además, demostrar comprensión de la cultura local favorece la integración y el respeto mutuo.

Enfrentar la burocracia y los requisitos legales es esencial cuando te mudas a otro país. Informarte sobre los procedimientos burocráticos, como la visa, los permisos de trabajo y otras autorizaciones, te permite manejar estos asuntos de manera oportuna y efectiva.

La preparación económica es crucial porque mudarse al extranjero puede implicar costos inesperados. Saber más sobre el costo de vida en el nuevo país, los salarios promedio y el sistema tributario te ayudará a manejar tu presupuesto y finanzas de manera prudente.

Evaluar el sistema de salud del país de destino te brinda la tranquilidad de saber cómo funciona y qué coberturas de seguro están disponibles en caso de emergencia.

Encontrar un alojamiento adecuado es importante para sentirte cómodo en el nuevo entorno. Conocer el mercado inmobiliario y las diferentes opciones te ayuda a elegir un lugar que se adapte a tus necesidades y presupuesto.

Si la mudanza está relacionada con el trabajo o los estudios, informarte sobre las oportunidades laborales y educativas en el nuevo país te ayuda a tomar decisiones informadas.

Estar bien informado te permitirá adaptarte mejor a la nueva realidad y superar cualquier obstáculo inicial. Saber qué esperar y cómo enfrentar los desafíos te hará sentir más seguro y listo para enfrentar cualquier cambio.

Por lo tanto, trata de recopilar información sobre el país anfitrión, su cultura, tradiciones, normas sociales y hábitos diarios. En la actualidad, hay varios recursos disponibles para obtener esta información. Lee libros, guías y artículos en línea, sigue blogs de expatriados y participa en foros de discusión para obtener información de primera mano de personas que ya han vivido esta experiencia.

Mantener una mentalidad abierta: Acercarte al traslado con una mentalidad abierta puede ayudar a reducir la ansiedad y fomentar la aceptación del nuevo entorno.

Es cierto que te encontrarás con diferencias culturales y nuevos desafíos, pero enfócalos con entusiasmo y curiosidad.

Estas diferencias pueden enriquecer tu experiencia y ayudarte a crecer como individuo.

Recuerda que cada cultura tiene sus particularidades y que la forma en que las personas se comportan y piensan podría ser diferente a lo que estás acostumbrado. Trata de comprender y respetar estas diferencias, y busca apreciar las perspectivas diversas que encontrarás.

Crea una red de apoyo: Para hacer que tu enfoque en el nuevo entorno sea menos complicado, puede ser útil conectarte con otras personas que estén en tu misma situación o que ya hayan tenido una experiencia similar. Participa en grupos en línea o asiste a eventos organizados para expatriados. Encontrar apoyo emocional y práctico puede ser extremadamente útil para superar la ansiedad y sentirte menos aislado en un entorno nuevo.

Estos encuentros te permitirán conocer a personas que comprenden exactamente lo que estás experimentando y con quienes puedes compartir tus desafíos y logros.
El apoyo emocional y práctico de una red de apoyo puede ser extremadamente útil para superar la ansiedad y sentirte menos aislado en un entorno nuevo. Podrás intercambiar consejos, obtener información valiosa y recibir aliento cuando lo necesites.

No temas acercarte a otras personas, incluso si al principio te sientes tímido o inseguro. Recuerda que todos comenzaron en algún lugar y que hay una gran comunidad de expatriados dispuesta a recibirte con los brazos abiertos.

Prepararse logísticamente: Como se discutió anteriormente, abordar los detalles prácticos del traslado puede ayudar a reducir la ansiedad. Asegúrate de tener todos los documentos necesarios, organiza el transporte, considera aspectos como el alojamiento, la salud y el seguro. Tener una lista de verificación detallada y completar todas las acciones necesarias antes de partir puede brindarte una mayor tranquilidad.

Sin embargo, es importante entender que, a pesar de una planificación cuidadosa, siempre habrá situaciones imprevistas. Esto es completamente normal y forma parte del desafío de vivir en un país nuevo. Prepararte logísticamente te brindará definitivamente una base sólida, pero es esencial ser flexible y estar listo para enfrentar lo inesperado.

Enfrentar estas situaciones imprevistas puede ser una gran oportunidad de crecimiento personal. Superar los obstáculos y adaptarse a las nuevas circunstancias te hará más resiliente y te ayudará a desarrollar nuevas habilidades y competencias. Así que, mientras te preparas logísticamente, ten en cuenta que habrá momentos de incertidumbre, pero abraza lo desconocido con valentía y un espíritu positivo. Cada desafío enfrentado con determinación te hará una persona más consciente y capaz de enfrentar con confianza todo lo que el futuro te depare.

Enfócate en las oportunidades: Considera el traslado como una oportunidad para crecer y aprender algo nuevo. Trata de identificar los aspectos positivos de tu nuevo entorno, como la posibilidad de descubrir una cultura diferente, aprender un nuevo idioma o adquirir habilidades profesionales únicas. Concéntrate en estos aspectos positivos para reducir la ansiedad y alimentar la emoción por la aventura que te espera. Recuerda que cada experiencia, ya sea negativa o positiva, es una oportunidad de aprendizaje y crecimiento para el futuro. Es al superar los desafíos que descubrirás cuán fuerte eres y cuán adaptable puedes ser en cualquier entorno.

Continúa manteniéndote abierto y flexible, y recuerda que esta experiencia de traslado al extranjero será una de las aventuras más significativas y gratificantes de tu vida.

Reserva tiempo para ti mismo: El traslado puede ser un

período de gran estrés, por lo que es importante reservar tiempo para ti mismo y relajarte. Encuentra actividades que te ayuden a calmar la mente y reducir el estrés, como el yoga, el deporte, la meditación, dar un paseo por la naturaleza o leer un libro. Cuidar tu bienestar físico y mental puede contribuir a mantener el equilibrio durante el período de transición.

Enfrentar la ansiedad y la emoción del traslado requiere una combinación de preparación práctica, apoyo emocional y una mentalidad abierta. Recuerda que es normal experimentar una variedad de emociones durante esta fase de cambio, pero con el tiempo y el compromiso de crear una nueva vida en el país anfitrión, muchas de las ansiedades iniciales se atenuarán. Sé amable contigo mismo y mantente abierto a las oportunidades que te esperan.

Aprovechar Los Recursos En Línea: Utilizar Grupos Y Foros Para Conectarse De Antemano

Cuando te estás preparando para trasladarte a un nuevo país, los recursos en línea pueden ser herramientas valiosas para conectarte de antemano con otras personas que están en la misma situación o que ya viven en el área de destino. Aquí hay algunas formas de aprovechar al máximo los recursos en línea para establecer conexiones incluso antes de llegar al nuevo país.

Grupos y foros de expatriados: Hay numerosos grupos y foros en línea dedicados a los expatriados que viven en diferentes partes del mundo. Estos grupos ofrecen un entorno donde puedes hacer preguntas, obtener consejos y conectarte con personas que ya han experimentado el traslado al país al que te diriges.

Puedes encontrar grupos en plataformas como Facebook, Reddit o sitios web específicos para expatriados. En particular, existen grupos de Facebook específicos para expatriados italianos o italianos que viven en una zona específica, donde puedes encontrar información y conectarte con otros compatriotas que ya tienen experiencia en el país al que te estás trasladando. Utiliza estos grupos para hacer preguntas, aclarar dudas, conocer eventos o curiosidades, o incluso simplemente para presentarte a los demás.

Entre las plataformas en línea dedicadas a los expatriados, Internations y Expat.com son definitivamente de las más útiles para aquellos que se están mudando al extranjero o que ya son expatriados.

Internations es una de las redes de expatriados más grandes del mundo, que ofrece foros de discusión, grupos de interés, eventos y reuniones locales. Aquí, los expatriados pueden conectarse con otras personas que están en la misma situación o que ya han vivido en un país específico. Los grupos de interés cubren diversos temas, como networking profesional, comida, actividades al aire libre y más, creando un entorno estimulante y sociable.

Expat.com, por otro lado, es un portal en línea dedicado a los expatriados, que ofrece información y recursos prácticos sobre diversos aspectos de la vida en el extranjero. Encontrarás guías, artículos y foros de discusión donde los expatriados pueden compartir consejos e información útil.

Ambas plataformas organizan eventos locales y reuniones, ofreciendo a los expatriados la oportunidad de conocerse en persona y establecer nuevas amistades. Participar en estos eventos puede ser una excelente manera de socializar e integrarte en la comunidad local, lo que hará que el proceso de adaptación sea más placentero y gratificante.

Sitios web de citas de amigos: También existen sitios web y aplicaciones móviles que conectan a personas que buscan amistades o conexiones sociales en su área. Estos sitios son una oportunidad para empezar a conocer a personas locales u otros expatriados que podrían convertirse en amigos una vez que llegues al nuevo país. Asegúrate de investigar la reputación y la seguridad de estas plataformas antes de compartir información personal o encontrarte con alguien en persona.

Foros y sitios web de viajes: Además de los grupos específicos para expatriados, también puedes participar en foros de viajes o sitios web que ofrecen consejos e información sobre el país de destino. Estos foros a menudo tienen secciones dedicadas a los expatriados, donde puedes hacer preguntas, obtener sugerencias y conectarte con personas que están familiarizadas con la zona a la que te estás trasladando.

Una herramienta muy útil podría ser Couchsurfing, por ejemplo. Además de ser una plataforma para encontrar alojamiento durante los viajes, Couchsurfing también puede ser una excelente forma de conectarse con expatriados locales y viajeros. Gracias a la aplicación, puedes organizar eventos o simplemente participar en ellos. Otra función muy útil es Hangouts, perfecta para conocer gente en tu área.

Plataformas de intercambio de idiomas: Si te estás trasladando a un país donde se habla un idioma diferente al tuyo, las plataformas de intercambio de idiomas en línea pueden ser un recurso valioso para conectarte con hablantes nativos dispuestos a ayudarte a mejorar el idioma local. Estos intercambios pueden conducir no solo al aprendizaje del idioma, sino también a nuevas amistades con personas del país anfitrión.

Existen diversas plataformas de intercambio de idiomas donde puedes conocer personas de diferentes nacionalidades y practicar los idiomas que deseas aprender o mejorar. Aquí tienes algunos ejemplos de estas plataformas:

- Tandem: Tandem es una aplicación para

intercambio de idiomas que te permite conectarte con personas de todo el mundo para practicar diferentes lenguas. Puedes encontrar compañeros lingüísticos y hacer videollamadas o mensajes para mejorar tus habilidades lingüísticas.

- HelloTalk: HelloTalk es otra aplicación de intercambio de idiomas que te permite conectarte con hablantes nativos de diferentes lenguas. Puedes chatear, hacer llamadas de voz o videollamadas con tus compañeros lingüísticos y aprender mientras les enseñas tu propio idioma.

- ConversationExchange: Esta plataforma en línea te permite buscar compañeros lingüísticos según el idioma que deseas aprender o enseñar, así como tu ubicación geográfica. Puedes reunirte con personas en persona o realizar intercambios lingüísticos a través de chats o videollamadas.

- Speaky: Speaky es una comunidad en línea donde puedes encontrar compañeros lingüísticos para practicar y aprender nuevos idiomas. La aplicación te permite conectarte con personas de todo el mundo y mejorar tus habilidades lingüísticas a través de chats, llamadas de voz y videollamadas.

- Italki: Italki es una plataforma que ofrece tanto profesores de idiomas profesionales como compañeros lingüísticos. Puedes encontrar personas dispuestas a hacer intercambios lingüísticos gratuitos o reservar clases con profesores calificados para mejorar tus habilidades lingüísticas.

Estas plataformas ofrecen diversas opciones para conectarte

con personas de todo el mundo y practicar los idiomas que deseas aprender o mejorar. Elige la que mejor se adapte a tus necesidades y comienza a hacer nuevas amistades y a mejorar tus habilidades lingüísticas.

Grupos en línea de intereses comunes: Además de los grupos específicos para expatriados, puedes buscar grupos en línea que se centren en intereses específicos que compartes. Pueden ser grupos de entusiastas de la fotografía, deportes, cocina o cualquier otro tema que te interese. Unirte a estos grupos te dará la oportunidad de conectarte con personas que comparten tus pasiones, y incluso podrías conocerlas en persona una vez que te traslades al nuevo país.

Utilizar los recursos en línea, como grupos de Facebook específicos para expatriados o italianos que viven en un área determinada, para conectarte de antemano te ofrece la oportunidad de establecer contactos y relaciones antes de siquiera poner un pie en el nuevo país. Esto puede ayudar a reducir la ansiedad del traslado, proporcionarte información valiosa y ofrecerte apoyo social desde el comienzo de tu aventura como expatriado. Recuerda ser cuidadoso con la seguridad en línea y utilizar plataformas confiables para conectarte con los demás.

Abrazar La Cultura Local: Comprender Las Tradiciones Y Valores Del País Anfitrión

Uno de los aspectos fundamentales de la experiencia como expatriado es la oportunidad de sumergirse en la cultura del país anfitrión. Comprender las tradiciones, los valores y la mentalidad del lugar al que te estás trasladando no solo te ayudará a integrarte mejor, sino que también creará una base sólida para establecer conexiones significativas con las personas locales. Aquí tienes algunos consejos sobre cómo abrazar la cultura local y comprender las tradiciones y valores del país anfitrión.

Educarse sobre la cultura local: Dedica tiempo a estudiar e informarte sobre la cultura del país anfitrión. Lee libros, mira documentales o sigue cursos en línea que traten específicamente sobre la cultura y la historia del lugar. Trata de entender las costumbres, las tradiciones, las festividades y las prácticas cotidianas. Esto te brindará una sólida base de conocimientos sobre la cual construir tu comprensión de la cultura local.

Una forma efectiva de sumergirse en la cultura local es consumir los medios de comunicación locales. Mira películas y series de televisión locales, escucha música y lee periódicos o revistas locales. Esto no solo te ayudará a mejorar tus habilidades lingüísticas, sino que también te proporcionará temas de conversación interesantes cuando interactúes con las personas del lugar.

Respeta las diferencias culturales: Cuando te mudas a un nuevo país, es importante tener respeto por las diferencias culturales que encontrarás. Mantén la mente abierta y aprende a apreciar las diferentes perspectivas y formas de vida. Sé consciente de las normas sociales, los gestos de cortesía y las costumbres locales. Mostrar respeto hacia la cultura local puede facilitar la integración y la creación de lazos significativos con las personas del lugar.

Participa en las tradiciones locales: Trata de participar en las tradiciones y festividades locales. Únete a las celebraciones, los eventos culturales y las ceremonias tradicionales, si es posible. Esto te brindará la oportunidad de experimentar la cultura en primera persona y conectarte con las personas locales que comparten un sentido de pertenencia a esas tradiciones.

Aprende el idioma local: Una forma efectiva de comprender completamente la cultura de un país es aprender su idioma.

Aunque puede llevar tiempo y esfuerzo, aprender el idioma local te permitirá comunicarte mejor con las personas locales, acceder a una comprensión más profunda de la cultura y demostrar un interés sincero en conectarte con los habitantes locales.

Cuando aprendes el idioma local, puedes experimentar una conexión más profunda con los habitantes del país, demostrando un interés genuino en comprender sus tradiciones, valores y puntos de vista. Esta interacción auténtica te ayuda a romper barreras culturales y construir relaciones significativas con los demás.

Además, el aprendizaje del idioma local también puede abrir oportunidades profesionales y mejorar tu capacidad de adaptarte a nuevos entornos. Al poder comunicarte con la población local, podrías tener ventajas en el mercado laboral local o en oportunidades de estudio y voluntariado.

Haz preguntas y escucha: Cuando interactúes con personas locales, formula preguntas respetuosas y muestra interés en conocer sus experiencias y perspectivas. La escucha activa es fundamental para comprender la cultura local. Mantén la mente abierta a nuevas ideas, desafíos y puntos de vista diferentes al tuyo.

Hacer preguntas demuestra que estás abierto a aprender y conocer nuevas realidades, creando un ambiente de intercambio mutuo de información y conocimientos. Esta disposición a aprender suele ser apreciada por los locales, ya que muestra respeto e interés hacia su cultura.

Además, la escucha activa es esencial para comprender profundamente la cultura local. Presta atención a las historias, las tradiciones y las opiniones de las personas que conoces. Mantente abierto a nuevas ideas, desafíos y puntos de vista diferentes al tuyo. Esto te ayudará a desarrollar una perspectiva más amplia e inclusiva sobre la cultura del país en el que te encuentras.

La escucha activa también evita malentendidos y establece una comunicación más efectiva con las personas locales. Mostrar un interés genuino en lo que dicen y respetar sus opiniones crea un ambiente de diálogo abierto y constructivo.

Involúcrate en la comunidad local: Participa activamente en la vida comunitaria local. Busca oportunidades de voluntariado, asiste a eventos culturales o únete a grupos de interés local. Esto te permitirá conectar con personas locales que comparten intereses similares y te integrará mejor en la comunidad.

Abrazar la cultura local y comprender las tradiciones y valores del país anfitrión es un proceso continuo. Requiere una mente abierta, curiosidad y compromiso constante. Recuerda que el objetivo no es convertirte en un experto en la cultura local, sino mostrar respeto, interés y apertura hacia las personas y tradiciones del lugar donde vives como expatriado.

Eventos Sociales - Asistir A Fiestas, Cenas O Encuentros Organizados Por La Comunidad Local O Grupos De Expatriados

Los eventos sociales son una excelente oportunidad para conocer nuevas personas y establecer conexiones como expatriado. Participar en fiestas, cenas o encuentros organizados por la comunidad local o por grupos de expatriados te permitirá sumergirte en la vida social de tu nuevo entorno y conocer a personas con intereses y antecedentes diversos. Aquí tienes algunos consejos sobre cómo aprovechar los eventos sociales para expandir tu red de contactos.

Informarse sobre los eventos locales: Mantente informado acerca de los eventos sociales organizados en tu comunidad local o en la comunidad de expatriados. Revisa anuncios en periódicos locales, sitios web, grupos de Facebook o aplicaciones de eventos para descubrir las fiestas, cenas o encuentros programados. Además, busca eventos específicos para expatriados, como reuniones, grupos de conversación en idiomas o veladas culturales organizadas por asociaciones de expatriados.

Participar en los eventos organizados: Participa activamente en los eventos sociales que te interesen. Puedes asistir a fiestas, cenas o encuentros informales, ya sean organizados por la comunidad local o por grupos de expatriados. Estos eventos ofrecen un ambiente relajado e informal en el que puedes socializar con los demás participantes.

Sé abierto y sociable: Cuando asistas a eventos sociales, mantén una actitud abierta y sociable. Conversa, preséntate a los demás y muestra interés en las personas que conozcas. Haz preguntas, escucha atentamente y comparte tus experiencias. Ser sociable y amigable te ayudará a crear un ambiente acogedor y a facilitar el establecimiento de nuevas conexiones.

Participa activamente en las actividades: Los eventos sociales a menudo incluyen actividades o juegos que fomentan la interacción entre los participantes. Participa activamente en estas actividades, únete a los grupos y participa con entusiasmo. Esto te permitirá compartir momentos divertidos y establecer un vínculo más estrecho con los demás participantes.

Intercambia contactos y mantén el contacto: Durante los eventos sociales, no dudes en intercambiar información de contacto con las personas que te hayan llamado la atención y con las que desees consolidar la amistad. Comparte tu número de teléfono o perfil en redes sociales e invita a las personas a ponerse en contacto contigo más adelante.

Mantener el contacto con estas personas es fundamental para desarrollar vínculos más profundos y seguir descubriendo nuevos aspectos de sus vidas y culturas. Organizar encuentros adicionales o participar en diferentes actividades juntos puede ser una excelente manera de fortalecer la amistad y experimentar nuevas vivencias en conjunto.

Una estrategia útil para mantenerse en contacto con el grupo de amigos que hayas conocido es crear un grupo de WhatsApp. Este grupo puede ser un espacio en el que todos se actualizan frecuentemente sobre las actividades, sugieren nuevos eventos o simplemente comparten momentos de alegría y diversión. Un grupo de WhatsApp facilita una comunicación más inmediata e informal, y puede ser de gran ayuda para coordinar encuentros y salidas, facilitando así la participación de todos. Además, este grupo se convierte en un espacio virtual en el que compartir ideas, pasiones, noticias y reflexiones sobre la cultura local, promoviendo el crecimiento de las relaciones y la profundización de las afinidades.

El intercambio de contactos y mantener el contacto con personas interesantes puede contribuir a consolidar amistades significativas y permitirte descubrir cada vez más sobre la cultura y la vida cotidiana del país en el que te encuentras. Crear un grupo de WhatsApp puede ser una manera práctica y divertida de mantenerse conectado y seguir compartiendo experiencias y momentos especiales juntos. Este entorno de amistad y compartición puede convertirse en un valioso punto de referencia durante tu estadía en el extranjero, ofreciéndote el apoyo y compañía de nuevos amigos provenientes de diferentes partes del mundo.

Participar activamente en la comunidad: Además de asistir a eventos sociales, busca participar activamente en la comunidad local o en los eventos organizados por grupos de expatriados. Ofrece voluntariamente tu ayuda en la organización de eventos o actividades, asiste a reuniones grupales o únete a clubes o asociaciones que se ajusten a tus intereses. Esto te brindará la oportunidad de conocer a personas que comparten tus pasiones y de establecer conexiones más profundas.

Asistir a fiestas, cenas o encuentros organizados por la comunidad local o por grupos de expatriados es una manera efectiva de conocer a nuevas personas y crear lazos sociales como expatriado. Sé abierto, sociable y participa activamente en las actividades durante los eventos. Esto te permitirá crear conexiones significativas y ampliar tu red de contactos en tu nuevo entorno. ´

CAPÍTULO 2: MANERAS DE CONOCER PERSONAS

Actividades En Grupo - Participar En Clases, Lecciones O Actividades Deportivas En Grupo

Una de las mejores estrategias para conocer nuevas personas y establecer conexiones significativas como expatriado es participar en actividades en grupo. Estas actividades ofrecen un entorno social informal donde puedes conocer a personas con intereses similares y compartir experiencias divertidas y gratificantes juntos. Aquí tienes algunos consejos sobre cómo aprovechar las actividades en grupo para conectarte con los demás.

Identifica tus intereses: Comienza identificando tus intereses y las actividades que te gustaría experimentar o mejorar, tal como lo harías en tu propio país. Puedes estar interesado en clases de cocina, pintura, fotografía, baile, idiomas extranjeros o cualquier otro campo. Identificar tus pasiones te ayudará a encontrar las actividades en grupo que mejor se adapten a tus intereses y te permitirá conocer personas con las que compartes afinidades culturales.

Investiga las actividades en grupo que se ofrecen en tu área. Consulta anuncios, sitios web locales, eventos anunciados o pregunta a las personas locales para descubrir cuáles son las opciones disponibles. Puedes encontrar clases, lecciones o actividades deportivas en grupo en centros comunitarios, escuelas, gimnasios, centros culturales o asociaciones locales.

El hecho de tener intereses en común puede facilitar el establecimiento de conexiones más profundas y significativas con las personas que conozcas, independientemente de su procedencia. A través de la participación en estas actividades, podrás establecer nuevas conexiones y crear amistades auténticas basadas en pasiones e intereses compartidos.

Recuerda que las actividades en grupo y los intereses compartidos son una excelente manera de superar las barreras culturales y crear un entorno inclusivo y acogedor, tanto para ti como para los demás. Encontrar personas con las que compartir intereses similares te hará sentir más cómodo en el país extranjero, brindándote un sentido de pertenencia y cercanía incluso lejos de casa.

Inscríbete en clases o lecciones: Participa en cursos o lecciones que te interesen. Puedes unirte a una clase de yoga, cocina, idiomas, fotografía o tomar lecciones de instrumentos musicales. Estos cursos no solo te permitirán desarrollar nuevas habilidades o intereses, sino que también te conectarán con otras personas que comparten tu pasión. Aprovecha estos momentos para interactuar con los demás participantes y establecer conexiones.

Únete a equipos deportivos o grupos de actividades al aire libre: Si te gusta el deporte o las actividades al aire libre, considera la posibilidad de unirte a equipos deportivos locales, grupos de senderismo, clases de yoga al aire libre o clubes de ciclismo. Estos grupos ofrecen la oportunidad de conectarte con personas que comparten tu pasión por el deporte y la aventura.

Muestra interés y socializa: Cuando participes en estas

actividades en grupo, muestra interés por los demás y mantente abierto a hacer nuevas amistades. Mantén conversaciones, haz preguntas, comparte tus experiencias y participa activamente en las actividades en grupo. Ser sociable y abierto ayudará a romper el hielo y a crear conexiones más profundas con los demás participantes.

Las amistades pueden servir como vehículo para conocer nuevas personas y ampliar tu círculo social. La afirmación de que las amistades llevan a tener más amistades se basa en un concepto conocido como "efecto de amistad". Este efecto sugiere que cuando se forma una nueva amistad, se abren nuevas oportunidades para conocer a otras personas a través de la red de conexiones del nuevo amigo. En otras palabras, las nuevas amistades pueden actuar como puentes hacia otros círculos sociales, aumentando la probabilidad de hacer más nuevas amistades.

Mantén la constancia: Para crear conexiones duraderas, es importante participar regularmente en estas actividades en grupo. Mantén un compromiso constante y haz que estas actividades sean parte integral de tu rutina. Esto te permitirá construir relaciones más sólidas con los demás participantes con el tiempo.

Participar en clases, lecciones o actividades deportivas en grupo como expatriado ofrece la oportunidad de conocer personas con intereses similares y crear conexiones auténticas. Estas actividades te permiten compartir experiencias, aprender juntos y divertirte en el proceso. Sé abierto, involucrado y dispuesto a dar lo mejor de ti. Las actividades en grupo pueden proporcionarte un terreno fértil para construir relaciones significativas y duraderas en tu nuevo entorno.

Trabajo Y Networking Profesional - Participar En Conferencias, Eventos Del Sector O Grupos De Networking, Hacer Amistades Con Los Colegas

Una valiosa oportunidad para conocer nuevas personas como expatriado se presenta a través del trabajo y el networking profesional. Participar en conferencias, eventos del sector o grupos de networking te permite entrar en contacto con profesionales locales e internacionales que comparten tus pasiones e intereses.

Además, hacer amistades con los colegas puede ser una forma natural de establecer conexiones sociales significativas. Aquí tienes algunos consejos sobre cómo aprovechar el trabajo y el networking profesional para crear conexiones como expatriado.

Participa en conferencias y eventos del sector: Infórmate sobre las conferencias y eventos del sector que se llevan a cabo en tu área y participa en ellos. Estos eventos ofrecen la oportunidad de conocer a profesionales locales e internacionales en tu campo de interés. Aprovecha estas ocasiones para hacer networking, intercambiar ideas y establecer conexiones con personas que trabajan en tu sector.

Inscríbete en grupos de networking profesional: Busca grupos de networking profesional en tu área y únete a los que te interesen. Estos grupos suelen estar compuestos por profesionales de diferentes campos que se reúnen regularmente para compartir información, experiencias y crear oportunidades de colaboración. Participar en estos grupos te permitirá ampliar tu red profesional y establecer conexiones con personas que comparten tus ambiciones y objetivos.

Sé proactivo en el networking: Durante eventos de networking o conferencias, sé proactivo al acercarte a otros participantes. Haz preguntas, comparte tus experiencias y busca puntos en común. No dudes en presentarte a los demás y en intercambiar contactos. Mantén una actitud abierta y disponible para crear conexiones significativas.

Haz amistades con los colegas: No solo es normal hacer amistades con los colegas, sino que también es un aspecto importante de tu experiencia laboral. Dado que pasarás gran parte de tu tiempo con ellos, establecer vínculos amigables puede hacer que el entorno laboral sea más agradable y de apoyo.

Participar en actividades sociales organizadas en la oficina, como fiestas, cenas o encuentros informales, es una excelente manera de empezar a conocer mejor a tus colegas en un ambiente relajado. Estas ocasiones te ofrecen la oportunidad de socializar y descubrir intereses comunes que pueden facilitar el establecimiento de amistades duraderas.

Además, aprovechar los momentos de descanso o las pausas para conversar con tus colegas es una forma sencilla pero efectiva de establecer conexiones significativas en el lugar de trabajo. Ser abierto, cordial y mostrar interés en las vidas y experiencias de los colegas puede ayudar a crear un ambiente de confianza y colaboración mutua.

Hacer amistades con los colegas también puede tener un impacto positivo en tu bienestar en el trabajo. Estar rodeado de personas amigables y de apoyo puede reducir el estrés y mejorar tu motivación y productividad.

Sin embargo, es importante recordar mantener un equilibrio entre la vida laboral y social. Intenta ser siempre profesional en el entorno de trabajo y respeta los límites personales de tus colegas. Además, no te desanimes si no todos tus colegas parecen interesados en hacer amistades. Las personas tienen personalidades diferentes y algunas pueden ser más reservadas o enfocadas en el trabajo.

Aprovecha los grupos y las plataformas en línea profesionales: Utiliza plataformas profesionales como LinkedIn para conectarte con profesionales locales e internacionales en tu sector. Únete a grupos en línea de profesionales que comparten intereses y habilidades similares a las tuyas. Interactúa con otros miembros del grupo, participa en las discusiones y comparte tus experiencias. Estas plataformas ofrecen la oportunidad de ampliar tu red profesional y conectar con personas que pueden brindarte apoyo y consejos en tu carrera.

Aprovechar el trabajo y el networking profesional como expatriado ofrece una oportunidad única para conocer personas que comparten tus pasiones e intereses en tu campo laboral. Participar en conferencias, eventos del sector o grupos de networking te permite ampliar tu red profesional y establecer conexiones con profesionales locales e internacionales. Además, hacer amistades con los colegas en el lugar de trabajo puede crear vínculos sociales significativos y hacer que el entorno laboral sea más agradable. Sé proactivo en el networking, aprovecha las oportunidades disponibles y mantén una actitud abierta y cordial hacia otros profesionales que encuentres.

Voluntariado - Dedicar Tiempo A Causas Benéficas U Organizaciones Locales

El voluntariado representa una oportunidad gratificante para conocer nuevas personas y contribuir a la comunidad como expatriado. Dedicar tiempo a causas benéficas u organizaciones locales te permite poner tus habilidades y tiempo al servicio de los demás, creando conexiones significativas con personas que comparten tu pasión por el voluntariado y el apoyo a las comunidades locales. Aquí tienes algunos consejos sobre cómo aprovechar el voluntariado para crear conexiones significativas como expatriado.

Identifica las causas que te interesan: Reflexiona sobre las causas que te apasionan y que te gustaría apoyar como voluntario. Puede ser que estés interesado en trabajar con niños, ancianos, animales, el medio ambiente, la educación u otras causas benéficas. Identifica las organizaciones locales que se ocupan de estas causas y que podrían necesitar tu ayuda.

Busca oportunidades de voluntariado: Investiga las oportunidades de voluntariado disponibles en tu área. Consulta los sitios web de organizaciones locales, comunica con centros comunitarios o asociaciones de voluntariado para descubrir cuáles son las opciones disponibles. Puedes encontrar oportunidades de voluntariado en escuelas, hospitales, refugios, asociaciones culturales u organizaciones no gubernamentales locales.

Participa activamente como voluntario: Una vez que hayas identificado las oportunidades de voluntariado, participa activamente y dedica pasión a las actividades. Ya sea que estés enseñando, ayudando a organizar eventos, sirviendo en un comedor para personas necesitadas o participando en proyectos ambientales, comprométete al máximo para marcar la diferencia. Esto te permitirá entrar en contacto con otras personas involucradas en las mismas actividades de voluntariado y compartir experiencias significativas juntos.

Colabora con otros voluntarios: Durante el voluntariado, tendrás la oportunidad de trabajar en estrecha colaboración con otros voluntarios. Colabora con ellos, intercambia ideas, comparte tus experiencias y aprende de los demás. Esto creará un sentido de pertenencia y te permitirá establecer conexiones sólidas con personas que comparten tu dedicación a una causa común.

Asiste a eventos y reuniones de voluntariado: Las organizaciones de voluntariado a menudo organizan eventos, reuniones o celebraciones para los voluntarios. Participa en estas reuniones, que suelen brindar la oportunidad de compartir experiencias, hacer nuevas amistades y celebrar juntos el trabajo voluntario realizado.

Mantén el contacto: Después de completar una actividad de voluntariado, mantén el contacto con las personas que conociste durante tu compromiso. Intercambia información de contacto, síguelos en redes sociales o participa en futuros eventos de voluntariado. El voluntariado puede ser una fuente continua de conexiones significativas, tanto con otros voluntarios como con los beneficiarios de tu esfuerzo.

El voluntariado como expatriado te permite poner en práctica tu tiempo y habilidades para apoyar una causa benéfica y contribuir a la comunidad local. Al participar activamente como voluntario, podrás crear conexiones con otras personas que comparten tu pasión por el voluntariado y tu dedicación a mejorar el mundo que te rodea. Aprovecha las oportunidades de voluntariado para marcar la diferencia y establecer vínculos significativos con personas que comparten tu misma misión.

Redes Sociales - Utilizar Plataformas Como Facebook, Meetup O Linkedin Para Conectar Con Personas Con Intereses Similares

Las redes sociales ofrecen una amplia gama de oportunidades para conectar con personas que comparten los mismos intereses y pasiones como expatriado. Utilizar plataformas como Facebook, Meetup o LinkedIn te permite expandir tu red de contactos, descubrir eventos y grupos de interés, y establecer conexiones significativas con otras personas. Aquí tienes algunos consejos sobre cómo aprovechar las redes sociales para crear conexiones como expatriado.

Facebook: Utiliza Facebook para buscar grupos que se centren en los intereses que te apasionan. Hay grupos específicos para expatriados, grupos de entusiastas de la fotografía, grupos de deportes, grupos de cocina y muchos más. Únete a los grupos que te interesen y participa en las discusiones. Estos grupos ofrecen un entorno virtual en el que puedes compartir experiencias, hacer preguntas y conectar con personas que comparten tus intereses.

Meetup: Meetup es una plataforma excepcional que permite a las personas organizar y participar en eventos locales de todo tipo sobre una amplia gama de temas. La belleza de Meetup radica en que todos los participantes están allí para conocer nuevas personas y compartir intereses comunes, lo que hace que sea muy fácil hacer nuevas amistades.

Echa un vistazo a los eventos en tu área que se relacionen con tus intereses y participa en aquellos que te intriguen. Podrías encontrar eventos como excursiones, grupos de lectura, noches de cine, clases de cocina, actividades deportivas o cualquier otra cosa que te apasione. Independientemente de tu campo de interés, seguramente habrá eventos que capturen tu curiosidad y te permitirán conocer a personas afines.

Al asistir a estos eventos, tendrás la oportunidad de conocer a personas con intereses comunes y entablar conversaciones en un entorno informal y acogedor. Estos contextos reales fomentan el desarrollo natural de relaciones amistosas y hacen que sea más fácil conectar con los demás.

Además, la atmósfera inclusiva de Meetup facilita acercarse a nuevas personas y derribar posibles barreras sociales. No te preocupes por ser tímido o no conocer a nadie; todos están allí para hacer amigos y compartir experiencias positivas.

Con Meetup, tienes la oportunidad de conocer a personas de diferentes partes del mundo, con culturas y antecedentes diversos. Esta variedad puede enriquecer tu experiencia de vida y ofrecerte perspectivas únicas.

Participar en eventos de Meetup es una excelente manera de conocer a nuevas personas con las que compartir intereses y pasiones. Aprovecha al máximo esta plataforma y te sorprenderás de cuántos amigos puedes hacer y cuántos momentos especiales puedes compartir.

LinkedIn: LinkedIn es una plataforma profesional que te permite conectar con profesionales locales e internacionales en tu campo laboral. Crea un perfil profesional preciso y completa la información sobre tu experiencia y habilidades. Utiliza LinkedIn para conectarte con colegas de la industria, participar en discusiones de grupo y buscar oportunidades de networking profesional. Esta plataforma puede ayudarte a establecer conexiones significativas en tu campo y encontrar oportunidades laborales o de colaboración.

Instagram y Twitter: Instagram y Twitter son plataformas de microblogging y compartición de fotos que te permiten expresar tu personalidad e intereses a través de imágenes y mensajes breves. Sigue a personas o cuentas que compartan tus intereses y participa en las conversaciones usando hashtags relacionados. Esto te permitirá conectar con personas que comparten tus mismos intereses y crear conexiones auténticas.

Participa en grupos y discusiones en línea: Además de las plataformas específicas mencionadas, busca grupos y discusiones en línea relacionados con tus intereses. Hay foros, subreddits y otros espacios virtuales donde puedes interactuar con personas que comparten los mismos intereses o que están en la misma situación de expatriados. Haz preguntas, comparte tus experiencias y participa en las discusiones para conectar con personas que comparten tu pasión.

Organiza reuniones o eventos a través de las redes sociales: Si tienes un interés particular o quieres crear una comunidad en torno a un tema específico, considera la posibilidad de organizar reuniones o eventos a través de las redes sociales. Puedes crear un evento en Facebook o utilizar Meetup para invitar a personas que compartan tu interés a participar en una reunión, una noche temática o una actividad grupal. Esto te permitirá conectar con personas con intereses similares y crear un entorno social en torno a tus pasatiempos o pasiones.

Utilizar las redes sociales como Facebook, Meetup, LinkedIn y otras plataformas te ofrece una amplia gama de oportunidades para conectar con personas que comparten tus intereses y pasiones como expatriado. Aprovecha estas plataformas para buscar grupos, participar en eventos, compartir tus experiencias y crear conexiones significativas con otras personas. Sin embargo, recuerda utilizar las redes sociales de manera consciente, respetuosa y cuidadosa en cuanto a tu privacidad y seguridad en línea.

Además de los consejos anteriores, vale la pena mencionar las aplicaciones de citas como Bumble y Tinder como una posible opción para hacer nuevas amistades como expatriado. Aunque estas aplicaciones se utilizan principalmente para citas románticas, algunas ofrecen características específicas que permiten buscar amistades y conexiones platónicas.

Bumble, por ejemplo, tiene una función llamada "Bumble Friends" que permite a los usuarios buscar amistades sin ningún interés romántico. Puedes crear un perfil en Bumble Friends e indicar que estás interesado únicamente en hacer amigos. Esto te permite conectar con personas que están abiertas a establecer nuevas amistades y compartir intereses comunes.

Por otro lado, Tinder es conocido principalmente como una aplicación de citas románticas, pero muchos usuarios también lo utilizan para conocer nuevas personas y hacer amistades. Puedes configurar tus preferencias de búsqueda para indicar que estás interesado únicamente en hacer amigos y establecer conexiones platónicas. Sin embargo, ten en cuenta que la mayoría de los usuarios en Tinder podrían estar orientados hacia citas románticas, por lo que es posible que debas comunicar claramente tus intenciones desde el principio.

Cuando utilices estas aplicaciones para buscar amistades, recuerda ser claro en tus intenciones y comunicarte abiertamente con las personas que conozcas. Haz preguntas sobre sus vidas, intereses y objetivos para determinar si existe la oportunidad de establecer una amistad significativa. Como siempre, prioriza tu seguridad en línea y sé consciente de los aspectos de privacidad y seguridad al utilizar aplicaciones de citas.

Las aplicaciones de citas pueden ser una opción adicional para ampliar tu red de contactos y hacer nuevas amistades como expatriado. Sin embargo, es importante considerarlas como una herramienta adicional entre las múltiples formas de conocer personas, como las mencionadas anteriormente en el capítulo. Busca equilibrar el uso de las aplicaciones de citas con otras oportunidades de socialización que ofrece la comunidad local, las actividades grupales, el voluntariado y el networking profesional para obtener una variedad de conexiones significativas como expatriado.

Hacer Amistad Con Los Compañeros De Piso - Acercarse A Los Compañeros De Piso, Organizar

Eventos Comunitarios Informales

Vivir con compañeros de piso puede ofrecer una oportunidad única para hacer amistades como expatriado y crear un ambiente acogedor dentro de tu lugar de residencia. Compartir el mismo espacio de vivienda genera una interacción diaria y brinda numerosas posibilidades para socializar y establecer conexiones significativas. Aquí tienes algunos consejos sobre cómo hacer amistad con tus compañeros de piso.

Crea un ambiente abierto y acogedor: Desde el principio, procura crear un ambiente abierto y acogedor dentro de tu lugar de residencia. Muestra amabilidad y disposición, y mantén la mente abierta para interactuar con tus compañeros de piso. Fomenta la colaboración y el respeto mutuo, creando un espacio en el que todos se sientan cómodos y apoyados.

Organiza eventos comunitarios informales: Para promover la interacción entre los compañeros de piso, organiza eventos comunitarios informales dentro de la residencia. Puedes planear una noche de juegos, una cena compartida o una velada de películas. Estos eventos brindan la oportunidad de compartir momentos de diversión y socializar con tus compañeros de piso.

Crea espacios de socialización: Si el espacio lo permite, intenta crear áreas comunes dedicadas a la socialización dentro de la residencia. Puedes establecer una zona de descanso, una mesa para comidas compartidas o un área de estudio conjunto. Estos espacios fomentan la interacción y ofrecen oportunidades para compartir experiencias y establecer vínculos con tus compañeros de piso.

Organiza una cena o una noche de cocina compartida: Una de las actividades más sociales es compartir una comida. Organiza una cena rotatoria en la que cada compañero de piso prepare una comida y la comparta con los demás. Como alternativa, puedes planear una noche de cocina compartida en la que todos cocinen juntos un plato. Estas actividades fomentan el intercambio de experiencias culinarias y ofrecen la oportunidad de conocer mejor a tus compañeros de piso.

Comunica y resuelve posibles problemas: La comunicación abierta y la gestión efectiva de conflictos son fundamentales para mantener un ambiente armonioso con tus compañeros de piso. Establece canales de comunicación abiertos y respetuosos para poder abordar cualquier problema o preocupación de manera constructiva. La habilidad para enfrentar las dificultades de manera abierta y trabajar juntos para encontrar soluciones contribuirá a mantener una buena convivencia y fortalecer las relaciones con tus compañeros de piso.

Participa en actividades compartidas: Si existen actividades u obligaciones compartidas dentro de la residencia, participa activamente. Por ejemplo, si hay tareas de limpieza o mantenimiento que deben realizarse, ofrece tu ayuda. Esto demuestra tu compromiso con la convivencia y crea un sentido de colaboración con tus compañeros de piso.

Respeta la privacidad y los espacios personales: Es importante respetar la privacidad y los espacios personales de tus compañeros de piso. Asegúrate de cumplir con las normas establecidas dentro de la residencia, como los horarios de silencio o las políticas de visitas. Mantener un equilibrio entre la interacción social y el respeto a la privacidad es esencial para mantener un ambiente armonioso.

Hacer amistad con los compañeros de piso brinda la oportunidad de crear una red de apoyo y compartir experiencias diarias como expatriado. Crea un ambiente abierto y acogedor, organiza eventos comunitarios informales y participa en las actividades compartidas dentro de la residencia. Compartir el espacio de vivienda ofrece muchas oportunidades para establecer conexiones significativas y crear un ambiente acogedor.

CAPÍTULO 3:
ROMPIENDO EL HIELO

Revelando El Poder De La Sonrisa: La Importancia De La Amabilidad Y La Apertura

La sonrisa es una herramienta social poderosa que puede abrir las puertas a nuevas conexiones y crear un ambiente positivo y acogedor. Como expatriado, descubrir el poder de la sonrisa se vuelve aún más importante para romper el hielo y establecer vínculos significativos con las personas que conoces en tu nueva comunidad. Es por eso que la amabilidad y la apertura desempeñan un papel fundamental.

Crear un ambiente acogedor: La sonrisa es una señal no verbal de apertura y bienvenida. Cuando conoces a nuevas personas, ya sean vecinos, colegas o desconocidos, una sonrisa sincera puede crear un ambiente de bienvenida y hacer que los demás se sientan cómodos. La amabilidad y la apertura manifestadas a través de una sonrisa pueden romper cualquier tensión inicial y facilitar el diálogo y la conexión.

Mostrar interés por los demás: Una sonrisa también es una forma de demostrar interés y atención hacia los demás. Cuando conoces a alguien, muestra un genuino interés por su historia, experiencias y puntos de vista. Haz preguntas y escucha atentamente las respuestas. Mostrar una curiosidad sincera e interés por los demás crea un sentido de conexión y permite iniciar conversaciones significativas.

Superar la barrera lingüística y cultural: Como expatriado, es posible que te encuentres en un entorno donde el idioma y la cultura sean diferentes a los tuyos. En este contexto, la sonrisa se convierte en un lenguaje universal que puede superar las barreras lingüísticas y culturales. Incluso si no hablas bien el idioma local, una sonrisa puede comunicar amabilidad, respeto y disposición. La sonrisa te permite conectarte con las personas a nivel emocional, creando un terreno común para establecer una relación más profunda.

Generar positividad y buen humor: La sonrisa tiene el poder de generar positividad y buen humor, tanto en ti como en los demás. Cuando muestras una sonrisa, irradias energía positiva en el entorno circundante y envías una señal de que estás abierto a interacciones positivas. Esto crea un círculo virtuoso en el que las personas tienden a acercarse a ti, aumentando las posibilidades de hacer nuevas amistades y conexiones significativas.

Expresar aprecio y gratitud: Una sonrisa también es una forma de expresar aprecio y gratitud. Cuando alguien hace algo amable por ti o te ayuda, una sonrisa puede ser una forma de mostrar tu reconocimiento. La amabilidad y la apertura manifestadas a través de la sonrisa crean un ambiente de apoyo mutuo y aprecio, fomentando la creación de relaciones de confianza y amistad.

Revelar el poder de la sonrisa como expatriado es fundamental para romper el hielo y crear conexiones significativas con las personas que conoces en tu nueva comunidad. Mostrar amabilidad, apertura y una sonrisa sincera crea un ambiente acogedor y positivo, facilitando el diálogo y la interacción con los demás. Recuerda que la sonrisa es un lenguaje universal que supera las barreras culturales y lingüísticas, y que puede generar positividad y gratitud.

Utiliza el poder de la sonrisa como una herramienta para crear conexiones auténticas y establecer relaciones significativas.

Las Habilidades De Conversación: Aprender A Hacer Preguntas Pertinentes Y Mostrar Interés

Las habilidades de conversación son fundamentales para establecer conexiones significativas con las personas que conoces como expatriado. Aprender a hacer preguntas pertinentes y mostrar un interés auténtico hacia los demás puede crear un ambiente de intercambio mutuo y permitir profundizar las relaciones. Aquí tienes algunos consejos sobre cómo desarrollar estas habilidades y hacer que tus conversaciones sean más significativas.

Escucha atentamente: La escucha activa es la base de una buena conversación. Cuando interactúas con los demás, esfuérzate por escuchar atentamente lo que dicen. Evita interrumpir o pensar en qué decir a continuación mientras la otra persona está hablando. Muestra un interés sincero en lo que están diciendo y asegúrate de comprender lo que quieren comunicar.

Haz preguntas abiertas: Las preguntas abiertas son aquellas que requieren respuestas más elaboradas e incentivan a la otra persona a compartir sus pensamientos y experiencias. Evita las preguntas que se pueden responder con un simple "sí" o "no". Por ejemplo, en lugar de preguntar "¿Tuviste un buen día?", prueba con preguntas como "¿Cuál fue la cosa más interesante que te pasó hoy?" o "¿Cómo has estado ocupando tu tiempo libre recientemente?". Estas preguntas brindan oportunidades para conversaciones más profundas y permiten conocerte mejor a ti y a los demás.

Muestra un interés genuino: Muestra un interés auténtico en lo que la otra persona está diciendo. Haz preguntas de seguimiento basadas en lo que han compartido. Por ejemplo, si hablan sobre un viaje que realizaron, podrías preguntarles qué fue lo que más disfrutaron de la experiencia o si enfrentaron algún desafío durante el viaje. Esto demuestra que estás sinceramente interesado en comprender sus experiencias y establecer un vínculo más profundo.

Evita acaparar la conversación: Durante una conversación, busca un equilibrio entre hablar y escuchar. Evita acaparar la conversación hablando sobre ti mismo sin dar espacio a los demás. Haz preguntas y permite que los demás expresen sus opiniones y experiencias. La conversación se vuelve más significativa cuando hay un intercambio mutuo de información e ideas.

Sé auténtico y honesto: Muestra tu verdadera personalidad durante las conversaciones. Sé honesto al compartir tus opiniones y experiencias. La autenticidad crea un ambiente de confianza y permite a los demás conectarse contigo a un nivel más profundo. Evita fingir o tratar de adaptarte demasiado a las expectativas de los demás. Ser tú mismo te ayudará a encontrar personas que realmente se conectan contigo.

Muestra empatía: La capacidad de ponerse en el lugar de los demás y comprender sus perspectivas es fundamental para una buena conversación. Muestra empatía hacia las experiencias y emociones de los demás. Haz preguntas que les permitan expresar sus opiniones y compartir sus experiencias de manera más profunda. Esto creará un vínculo de comprensión mutua y permitirá establecer relaciones más auténticas.

Desarrollar las habilidades de conversación requiere práctica y compromiso constante. Sin embargo, una vez que adquieras estas habilidades, podrás tener conversaciones más significativas y establecer conexiones más profundas con las personas que conoces como expatriado. Recuerda escuchar atentamente, hacer preguntas pertinentes, mostrar un interés genuino, ser auténtico, mostrar empatía y encontrar un equilibrio entre hablar y escuchar. Estos elementos contribuirán a crear un ambiente de intercambio mutuo y facilitarán el proceso de hacer amistades como expatriado.

Explorar hobbies e intereses comunes: aprovechar actividades en grupo para conocer a personas afines

Explorar hobbies e intereses comunes es una manera efectiva de hacer amistades como expatriado. Participar en actividades en grupo relacionadas con tus intereses te pone en contacto con personas que comparten la misma pasión, creando una base sólida para conexiones significativas. Aquí te mostramos cómo aprovechar las actividades en grupo para conocer a personas afines.

Identifica tus hobbies e intereses: Empieza identificando tus hobbies e intereses. Pregúntate qué te apasiona y qué te gusta hacer en tu tiempo libre. Puede ser cualquier cosa, desde pintura hasta baile, deportes o lectura. Una vez que hayas identificado tus intereses, podrás buscar actividades en grupo que los involucren.

Investiga actividades en grupo locales: Investiga las actividades en grupo locales que se ajusten a tus intereses. Estas pueden incluir cursos, clases, clubes, grupos de discusión o lectura, equipos deportivos aficionados y más. Aprovecha los recursos locales como sitios web, anuncios comunitarios o recomendaciones de otros expatriados para encontrar actividades en grupo que puedan interesarte.

Participa en cursos o clases: Inscríbete en cursos o clases relacionados con tus intereses. Puede ser un curso de cocina, una clase de yoga, un curso de idiomas o un taller artístico. Estos cursos no solo te permiten aprender algo nuevo, sino que también te ponen en contacto con personas que comparten un interés similar. Aprovecha los momentos de descanso o las interacciones para entablar conversaciones con otros participantes y establecer conexiones.

Únete a clubes o grupos de discusión: Participa en clubes o grupos de discusión que traten temas de tu interés. Puede ser un club de lectura, un grupo de amantes del cine, un grupo de senderismo o cualquier otro grupo que se centre en lo que te apasiona. Estos grupos ofrecen la oportunidad de conocer regularmente a personas con intereses similares, compartir opiniones, experiencias y posiblemente organizar actividades juntos.

Participa en eventos y encuentros temáticos: Busca eventos o encuentros temáticos que se realicen en tu comunidad y que estén relacionados con tus intereses. Puede ser una feria de artesanía, una conferencia sobre un tema específico o una reunión para aficionados a la música. Participar en estos eventos te pone en contacto con personas que comparten tu pasión y ofrece una oportunidad para interactuar y hacer nuevas conexiones.

Sé abierto a nuevas experiencias: Mientras exploras hobbies e intereses comunes, mantén una mente abierta a nuevas experiencias y conexiones. Puedes conocer a personas de diferentes trasfondos culturales o profesionales que pueden enriquecer tu vida y brindarte nuevas perspectivas. Sé receptivo a compartir tus experiencias y aprender de las experiencias de los demás.

Explorar hobbies e intereses comunes a través de actividades en grupo proporciona un terreno fértil para hacer amistades como expatriado. Participar en cursos, clubes o eventos temáticos te conecta con personas que comparten tu pasión y crea oportunidades para entablar conversaciones y establecer conexiones significativas. Mantente abierto a nuevas experiencias y no temas ampliar tus horizontes. Recuerda que las actividades en grupo ofrecen un entorno cómodo donde puedes compartir tus pasiones e intereses con otras personas que las aprecian. Mientras participas en estas actividades, busca involucrarte y ser activo, mostrando un interés genuino en los demás y contribuyendo a la dinámica del grupo.

Durante las actividades en grupo, trata de hacer preguntas pertinentes a los otros participantes para profundizar en el conocimiento mutuo. Pregúntales qué los atrajo a la actividad, cuáles son sus experiencias pasadas o qué esperan lograr de esa experiencia en particular. Estas preguntas te permitirán entablar conversaciones significativas y descubrir afinidades comunes.

Además, muestra aprecio y apoyo hacia los demás participantes. Reconoce sus esfuerzos y felicítalos por los avances que logren en su camino. Mostrar una actitud positiva y de apoyo contribuye a crear un entorno acogedor y facilita la creación de conexiones más sólidas.

Por último, recuerda que las actividades en grupo pueden ser un trampolín para más interacciones y relaciones. Si encuentras personas con las que te sientes afín durante una actividad, trata de extender la invitación a momentos de socialización informal, como un café o una salida después de la actividad. Estos momentos más relajados ofrecen la oportunidad de profundizar las conexiones y establecer vínculos más estrechos.

Explorar hobbies e intereses comunes a través de actividades en grupo te permite conectar con personas que comparten tu pasión y crear un terreno fértil para hacer amistades como expatriado. Mantente abierto, involucrado y sinceramente interesado en los demás participantes. A través de preguntas pertinentes, apoyo mutuo y momentos de socialización informal, podrás establecer conexiones significativas que podrían convertirse en amistades duraderas.

CAPÍTULO 4: CONSTRUYENDO RELACIONES AUTÉNTICAS

Ser Auténtico: Mostrar Tu Verdadera Personalidad Y Compartir Experiencias Personales

Ser auténtico es fundamental para construir relaciones auténticas y significativas como expatriado. Mostrar tu verdadera personalidad y compartir experiencias personales crea un terreno de confianza y conexión con los demás. Aquí te mostramos cómo puedes ser auténtico y crear relaciones sinceras.

Conócete a ti mismo: En primer lugar, tómate el tiempo para conocerte a ti mismo. Reflexiona sobre tus valores, pasiones, intereses y objetivos. Comprende lo que te hace único como individuo. Ser consciente de ti mismo te ayudará a mostrar tu verdadera personalidad a los demás.

Sé sincero y honesto: Muéstrales a los demás quién eres realmente. Sé honesto acerca de tus opiniones, sentimientos y experiencias. Evita enmascarar tu personalidad o tratar de adaptarte a lo que crees que los demás quieren ver. Ser auténtico significa ser fiel a ti mismo y mostrar tu verdadero yo.

Comparte experiencias personales: Comparte experiencias personales con los demás cuando sea apropiado. Cuéntales historias de tu vida, viajes, desafíos superados o momentos significativos que han contribuido a formar la persona que eres hoy. Esta apertura en la compartición te permite crear conexiones más profundas con los demás, ya que compartir experiencias personales crea un terreno de empatía y comprensión mutua.

Sé vulnerable: La vulnerabilidad es una parte importante de la autenticidad. Está dispuesto a abrirte a los demás y mostrar tus debilidades, miedos y deseos. Esto crea un ambiente de confianza y permite que los demás también se abran. La vulnerabilidad mutua conduce a una conexión más auténtica e íntima.

Acepta a ti mismo y a los demás: Acepta quién eres, con todas tus virtudes y defectos. Del mismo modo, acepta a los demás por su unicidad. No juzgues ni critiques, sino que trata de comprender y respetar las diferencias. Ser abierto y acogedor hacia los demás tal como son crea un ambiente en el que todos pueden ser auténticos sin temor al juicio.

Cultiva tus intereses personales: Continúa cultivando tus intereses personales y participa en actividades que te apasionen. Esto te permite mantener tu autenticidad y conocer a personas que comparten tus pasiones. Participar en estas actividades te pone en contacto con personas que podrían tener intereses similares y ofrece la oportunidad de conectarte a un nivel más profundo.

Escucha atentamente a los demás: Muestra un interés auténtico por los demás, escuchando atentamente lo que tienen que decir. Está presente en el momento y realiza preguntas pertinentes para profundizar la conversación. Mostrar una verdadera curiosidad por los demás contribuye a construir relaciones sinceras y significativas.

Ser auténtico requiere valentía y compromiso, pero las relaciones que se desarrollan sobre la base de la autenticidad son las más gratificantes y duraderas. Muestra tu verdadera personalidad, comparte experiencias personales, sé vulnerable y acepta a ti mismo y a los demás. Cultiva tus intereses personales y escucha atentamente a los demás. Estos pasos te ayudarán a crear relaciones auténticas y significativas como expatriado.

El Arte De La Escucha Activa: Aprender A Dar Espacio A Los Demás Y Comprender Sus Perspectivas

El arte de la escucha activa es una habilidad fundamental para construir relaciones auténticas como expatriado. Aprender a dar espacio a los demás, escuchar atentamente y comprender sus perspectivas crea un ambiente de confianza y conexión. Aquí tienes algunos consejos sobre cómo desarrollar el arte de la escucha activa.

Céntrate en el otro: Cuando interactúas con los demás, aparta las distracciones y enfoca tu atención en ellos. Elimina las distracciones como el teléfono u otras actividades que puedan impedirte escuchar atentamente. Muestra interés en lo que la otra persona está diciendo y dedica tu tiempo y energía a comprender su perspectiva.

Practica la escucha empática: La escucha empática significa ponerte en el lugar de la otra persona y tratar de comprender sus emociones, experiencias y puntos de vista. Trata de entender cómo se siente y comparte su punto de vista sin juzgar. Mostrar empatía hacia los demás crea un sentido de comprensión y conexión.

Haz preguntas de profundización: Para demostrar interés y profundizar la conversación, haz preguntas de profundización. Estas preguntas muestran que estás comprometido en la conversación y deseas conocer más detalles u opiniones. Por ejemplo, puedes preguntar: "¿Puedes explicarme mejor a qué te refieres?", "¿Cómo te hizo sentir esa situación?" o "¿Cuáles son tus motivaciones detrás de esta decisión?".

Sé paciente y deja espacio a los demás: Muestra paciencia durante las conversaciones y deja espacio a los demás para que se expresen. Evita interrumpir o terminar las frases de las demás personas. Permite que completen su pensamiento antes de responder. Respetar el tiempo y el espacio de los demás para expresarse crea un ambiente de respeto mutuo.

Repite y resume: Para demostrar que estás escuchando atentamente y evitar malentendidos, repite periódicamente lo que has comprendido y resume las ideas principales de la otra persona. Por ejemplo, puedes decir: "Entonces, si entendí bien, piensas que..." o "Me parece que estás diciendo que...". Esto confirma que estás escuchando y que deseas comprender completamente el punto de vista de la otra persona.

Evita juzgar o interrumpir: Durante las conversaciones, trata de evitar juzgar o interrumpir a la otra persona. Escucha sin prejuicios y reserva tu juicio. Permitir que la otra persona se exprese libremente crea un ambiente seguro y fomenta la apertura en la compartición de ideas y experiencias.

Muestra tu apoyo y aprecio: Mientras escuchas a los demás, muestra tu apoyo y aprecio. Utiliza expresiones faciales, lenguaje corporal y palabras que indiquen que estás tomando en serio lo que dicen. Por ejemplo, puedes sonreír, asentir con la cabeza o decir: "Realmente aprecio que hayas compartido esto conmigo" o "Siento que puedo aprender mucho de ti".

Desarrollar el arte de la escucha activa requiere práctica y compromiso continuo. Sin embargo, una vez que adquieras esta habilidad, podrás tener conversaciones más significativas y conexiones más profundas con los demás como expatriado. Céntrate en el otro, practica la escucha empática, haz preguntas de profundización y deja espacio a los demás para expresarse. Repite y resume para evitar malentendidos, evita juzgar o interrumpir y muestra apoyo y aprecio. Estos elementos contribuirán a crear un ambiente de confianza y conexión, y te permitirán construir relaciones auténticas basadas en la comprensión mutua.

Recuerda que la escucha activa no solo se trata de palabras, sino también del lenguaje corporal y las expresiones faciales. Mantén un contacto visual adecuado y muestra una actitud abierta e interesada. Utiliza tu lenguaje corporal para transmitir empatía y participación, como inclinarte ligeramente hacia la persona que habla y adoptar una expresión facial tranquilizadora.

Sé consciente de tus propias reacciones emocionales mientras escuchas a los demás. Trata de mantener la calma y la apertura, evitando ser arrastrado por tus opiniones personales o las emociones que surgen durante la conversación. Esto te permitirá mantener una actitud objetiva y comprender plenamente el punto de vista de la otra persona.

La escucha activa no solo fomenta la conexión con los demás, sino que también te permite aprender nuevas perspectivas y ampliar tu comprensión del mundo que te rodea. Cada individuo tiene un bagaje de experiencias único y valioso para compartir, y la escucha activa te brinda la oportunidad de enriquecer tu comprensión del mundo y desarrollar relaciones significativas.

Desarrollar el arte de la escucha activa te permite crear un ambiente de confianza y comprensión, lo que facilita la construcción de relaciones auténticas como expatriado. Céntrate en el otro, practica la escucha empática, haz preguntas de profundización y muestra apoyo y aprecio. Recuerda ser paciente, evitar juzgar y demostrar un interés genuino en lo que los demás tienen que decir. La escucha activa es un regalo que puedes ofrecer a los demás y que contribuirá a hacer tus relaciones más significativas y gratificantes.

Cultivar La Empatía: Comprender Y Respetar Las Diferencias Culturales

Cultivar la empatía es fundamental para construir relaciones auténticas y significativas como expatriado. La capacidad de comprender y respetar las diferencias culturales es esencial para establecer conexiones sinceras y profundas con personas de diferentes trasfondos culturales. Aquí te presento cómo puedes desarrollar la empatía y fomentar la inclusión cultural.

Amplía tu conciencia cultural: Comienza profundizando tu conocimiento de las diversas culturas presentes en el país anfitrión. Estudia las tradiciones, los valores, las costumbres y las normas culturales específicas. Reconoce que las personas pueden ver el mundo de manera diferente debido a sus raíces culturales y mantente abierto a explorar y comprender estas diferencias.

Muestra curiosidad y haz preguntas: Demuestra interés por la cultura de los demás y pídeles que compartan sus experiencias y tradiciones. Formula preguntas abiertas que les permitan explicar sus perspectivas y compartir información sobre su cultura. Esto no solo te ayudará a comprender mejor su punto de vista, sino que también mostrará que estás sinceramente interesado en aprender.

Respeta las diferencias: Acepta y respeta las diferencias culturales que encuentres. Reconoce que lo que te pueda parecer extraño o incomprensible puede tener un significado profundo en la cultura de la otra persona. Evita juzgar o criticar las prácticas culturales diferentes a las tuyas y mantente abierto a aprender y adaptarte a nuevas perspectivas.

Practica la escucha empática: La empatía es fundamental para comprender las experiencias y perspectivas de los demás. Ponte en su lugar y trata de entender cómo se sienten y qué experimentan. La escucha empática te permitirá conectarte a un nivel más profundo y crear un ambiente de respeto mutuo.

Sé consciente del lenguaje y las diferencias en la comunicación: Las diferencias lingüísticas y de comunicación pueden crear barreras en la comprensión mutua. Mantén la paciencia y el respeto durante las conversaciones y trata de adaptarte a la velocidad y el estilo de comunicación de los demás. Esfuérzate por comunicarte con claridad y ser comprensible incluso si no hablas el idioma local con fluidez.

Muestra apertura y disposición para el aprendizaje: Demuestra apertura mental y disposición para el aprendizaje continuo. Reconoce que siempre hay algo nuevo por descubrir y aprender de las culturas de los demás. Está dispuesto a adaptarte y cambiar tus perspectivas cuando te encuentres con ideas y prácticas diferentes.

Cultivar la empatía hacia las diferencias culturales requiere compromiso y conciencia constante. Sin embargo, una vez que desarrolles esta habilidad, podrás establecer conexiones auténticas y significativas con personas de diferentes trasfondos culturales. Amplía tu conciencia cultural, haz preguntas y muestra respeto por las diferencias. Practica la escucha empática, sé consciente del lenguaje y las diferencias en la comunicación, participa en eventos culturales y muestra apertura al aprendizaje. Estos elementos te ayudarán a fomentar la inclusión cultural y construir relaciones auténticas y significativas como expatriado.

CAPÍTULO 5 : SUPERAR LOS DESAFÍOS

La Sensación De Soledad - Afrontar Los Momentos Difíciles Y Buscar Apoyo

La sensación de soledad es un desafío común para los expatriados, especialmente durante los primeros periodos de adaptación en un nuevo país. Sin embargo, es posible enfrentar este sentimiento y encontrar el apoyo necesario para superarlo. Aquí tienes algunas estrategias para manejar la sensación de soledad y buscar conexiones significativas.

Reconoce y acepta tus sentimientos: Comprender que es normal sentirse solo o aislado en un entorno nuevo te ayudará a no juzgarte por estas emociones. Acepta que la soledad forma parte de la experiencia de ser un expatriado y que puedes hacer algo para enfrentarla.

Aprovecha los recursos en línea: Participa en grupos de expatriados en línea o foros dedicados a tu comunidad local. Aquí podrás compartir tus experiencias, hacer preguntas y encontrar apoyo de personas que están viviendo situaciones similares.

Busca comunidades locales: Participa en eventos sociales, encuentros culturales o actividades comunitarias. Estos encuentros pueden ofrecerte la oportunidad de conocer a personas locales y establecer conexiones auténticas.

Únete a grupos de interés: Forma parte de clubes o grupos que se centren en intereses específicos que compartas. Podrás conocer a personas con las que compartes pasión e interés, lo que facilitará la creación de nuevas amistades.

Desarrolla tus habilidades sociales: Sé abierto, amable y dispuesto a escuchar a los demás. Muestra interés por sus historias y por lo que tienen para compartir. Cultiva la amabilidad y la empatía como actitudes que te ayudarán a conectar con los demás.

Busca apoyo profesional o terapéutico: Si la sensación de soledad persiste, considera buscar apoyo profesional o terapéutico para explorar las causas profundas de tu soledad y brindarte herramientas para enfrentarla de manera saludable y efectiva.

Sé paciente contigo mismo: Afrontar la sensación de soledad lleva tiempo y paciencia. Sé amable y paciente contigo mismo, y no te desanimes si las conexiones no se desarrollan de inmediato.

Enfrentar la sensación de soledad como expatriado puede ser un proceso desafiante, pero con determinación y compromiso puedes superarlo. Aprovecha los recursos en línea, busca conexiones en tu comunidad local y únete a grupos de interés. Desarrolla tus habilidades sociales, considera el apoyo profesional si es necesario y ten paciencia contigo mismo. Con el tiempo, podrás crear relaciones significativas y encontrar un sentido de pertenencia en tu nuevo entorno.

Enfrentar Las Barreras Lingüísticas - Encontrar Formas Creativas De Comunicación Y Aprender El Idioma Local

Enfrentar las barreras lingüísticas es un desafío común para los expatriados que se trasladan a un país con un idioma diferente. Aunque el inglés es ampliamente utilizado como idioma internacional, puede ocurrir que no sea suficiente para enfrentar todas las situaciones cotidianas y establecer conexiones significativas. Aquí hay algunas estrategias para abordar las barreras lingüísticas y aprender el idioma local.

Sumérgete en el idioma local: La inmersión en el idioma local es fundamental para desarrollar habilidades lingüísticas sólidas. Trata de exponerte al idioma tanto como sea posible, ya sea a través de conversaciones con personas locales, escuchando música, viendo películas o leyendo libros en el idioma local. Esto te permitirá familiarizarte con los matices y peculiaridades del idioma, mejorando tu comprensión y tu capacidad para comunicarte de manera efectiva.

Toma clases de idiomas: Considera la posibilidad de tomar cursos de idiomas o clases privadas. Un maestro calificado puede guiarte en el aprendizaje del idioma y proporcionarte las bases necesarias para comunicarte. Las lecciones estructuradas te ayudarán a desarrollar una base sólida en gramática y a practicar la conversación con otros estudiantes.

Utiliza aplicaciones y recursos en línea: Aprovecha las numerosas aplicaciones y recursos en línea disponibles para aprender el idioma. Además de las aplicaciones móviles, hay sitios web, foros y grupos de discusión dedicados al aprendizaje de idiomas extranjeros. Puedes utilizar estos recursos para practicar diferentes habilidades lingüísticas, como la comprensión auditiva, la lectura y la escritura.

Practica la conversación con locales: Pon en práctica tus habilidades lingüísticas conversando con personas locales. Aunque al principio puede ser intimidante, trata de superar el miedo a cometer errores y a lanzarte. Muchas personas estarán encantadas de ayudarte y apreciarán tu esfuerzo por aprender su idioma. No tengas miedo de cometer errores, ya que es a través de los errores que se aprende y mejora.

Utiliza gestos y expresiones no verbales: Cuando el idioma se convierte en un obstáculo, puedes utilizar gestos, expresiones faciales y lenguaje corporal para comunicarte. Aunque es posible que no puedas expresarte completamente con palabras, el lenguaje no verbal puede ayudarte a transmitir tus pensamientos y entender a los demás. Sé consciente de la importancia de la comunicación no verbal y aprende a leer e interpretar las señales de tus interlocutores.

Busca grupos de intercambio de idiomas: Participa en grupos de intercambio de idiomas en los que las personas se reúnen para practicar idiomas extranjeros. Estas oportunidades te permiten conocer a personas interesadas en aprender tu lengua materna y realizar intercambios lingüísticos mutuos. De esta manera, podrás mejorar tus habilidades lingüísticas y, al mismo tiempo, ayudar a los demás a mejorar sus competencias en tu idioma.

Sé paciente contigo mismo: Aprender un nuevo idioma lleva tiempo, esfuerzo y práctica constante. No seas demasiado duro contigo mismo si cometes errores o si te lleva más tiempo del esperado aprender. Acepta que es parte del proceso de aprendizaje y trata de apreciar los avances que haces en el camino. Mantén una mente abierta, experimenta diferentes estrategias de aprendizaje y encuentra lo que funciona mejor para ti.

Enfrentar las barreras lingüísticas puede requerir esfuerzo y dedicación, pero a través de la inmersión en el idioma local, clases de idiomas, el uso de recursos en línea, la práctica de la conversación con locales, el uso de gestos y el lenguaje no verbal, la participación en grupos de intercambio de idiomas y la paciencia contigo mismo, podrás superar estos desafíos y desarrollar tu capacidad para comunicarte de manera efectiva en el idioma local.

Gestionar Las Diferencias Culturales - Navegar Entre Las Diversidades Para Establecer Relaciones Sólidas

Gestionar las diferencias culturales es un aspecto crucial para los expatriados que buscan establecer relaciones sólidas en su nuevo entorno. Cada cultura tiene sus propias tradiciones, valores y normas sociales, y comprender y respetar estas diferencias es fundamental para crear conexiones significativas. Aquí hay algunas estrategias para gestionar las diferencias culturales y establecer relaciones sólidas. Desarrolla la conciencia cultural: Invierte tiempo y energía en estudiar y comprender la cultura del país anfitrión. Familiarízate con sus tradiciones, valores, normas sociales y costumbres. Reconoce que las diferencias culturales pueden influir en la comunicación, las expectativas sociales y las dinámicas relacionales.

Sé abierto y flexible: Muestra apertura mental y disposición para adaptarte a nuevas perspectivas culturales. Está dispuesto a cuestionar tus creencias y considerar puntos de vista diferentes. Permítete ser guiado por la curiosidad y el interés en aprender de los demás, en lugar de basar tus interacciones en suposiciones o juicios.

Practica la escucha activa: La escucha activa es una habilidad fundamental para comprender las experiencias y perspectivas de los demás. Presta atención e interés cuando las personas te hablen sobre su cultura, sus tradiciones o sus experiencias personales. Haz preguntas para profundizar tu comprensión y muestra empatía hacia sus vivencias.

Respeta las diferencias: Muestra respeto por las diferencias culturales que encuentres. Reconoce que lo que podría parecerte extraño o incomprensible puede tener un significado profundo en la cultura de la otra persona. Evita juzgar o criticar prácticas culturales diferentes a las tuyas y mantente abierto a aprender y adaptarte a nuevas perspectivas.

Comunica de manera clara y directa: Cuando te enfrentes a diferencias culturales, busca comunicarte de manera clara y directa. Trata de evitar ambigüedades o malentendidos que puedan surgir de diferencias culturales en la comunicación indirecta o implícita. Está dispuesto a pedir explicaciones o brindar aclaraciones cuando sea necesario.

Crea conexiones a través del interés mutuo: Encuentra puntos en común con las personas que conoces, independientemente de su cultura de origen. Enfócate en los intereses, pasatiempos o pasiones que comparten. Estos intereses comunes pueden servir como base para crear conexiones auténticas y superar las barreras culturales.

Sé paciente y comprensivo: Establecer relaciones sólidas requiere tiempo y paciencia. No intentes forzar las cosas ni esperes que las personas se adapten de inmediato a tus expectativas culturales. Sé paciente y comprensivo, acepta que las diferencias culturales pueden llevar a desafíos y adapta gradualmente las nuevas dinámicas relacionales. Gestionar las diferencias culturales requiere compromiso y apertura mental. Desarrolla la conciencia cultural, sé abierto y flexible, practica la escucha activa y respeta las diferencias.

Comunica de manera clara y directa, crea conexiones a través del interés mutuo, y sé paciente y comprensivo en tu camino hacia la construcción de relaciones sólidas. Recuerda que la diversidad cultural puede enriquecer tus experiencias y favorecer conexiones significativas con personas de todo el mundo.

CAPÍTULO 6: CONOCER A LOS LOCALES Y A LOS EXTRANJEROS - MATICES DE AMISTAD

La Importancia De Ambos: Descubrir Las Riquezas De La Amistad Con Los Locales Y Los Expatriados

Cuando se vive en el extranjero, es importante buscar conexiones tanto con las personas locales como con otros expatriados. Ambos grupos ofrecen oportunidades únicas de amistad y enriquecimiento personal. Por eso es importante apreciar la importancia de ambos y descubrir las riquezas que ambos tipos de amistad pueden ofrecer.

Conexiones con los locales: Las amistades con las personas locales te permiten sumergirte por completo en la cultura y la vida cotidiana del país anfitrión. Los locales pueden compartir contigo sus tradiciones, su cocina local, sus celebraciones culturales y mucho más. Estas conexiones pueden enriquecer tu experiencia de vida en el extranjero y brindarte una perspectiva auténtica del lugar donde te encuentras.

Desafortunadamente, hacer amistad con los locales a veces puede ser difícil por diversas razones:

• Barrera lingüística: El idioma puede ser un obstáculo para la comunicación, especialmente si no conoces bien el idioma del país anfitrión.

• Diferencias culturales: Las diferentes normas sociales y costumbres pueden llevar a malentendidos y momentos incómodos durante las interacciones sociales.

• Timidez y desconfianza: Algunas personas locales pueden ser tímidas o desconfiadas hacia los extranjeros, especialmente en áreas frecuentadas por turistas.

• Círculos de amistad existentes: Las personas locales a menudo ya tienen un grupo de amigos consolidado, lo que dificulta que los extranjeros se integren en este grupo.

• Frustraciones culturales mutuas: Los extranjeros pueden tener dificultades para comprender ciertos aspectos de la cultura local, mientras que los locales pueden sentirse frustrados por la adaptación de los extranjeros a sus costumbres.

• Limitaciones de tiempo: Si estás en un país solo por un corto período, como en unas vacaciones, puede ser difícil establecer amistades profundas y duraderas.

A pesar de estos desafíos, siempre hay personas interesadas en conocer a los extranjeros y establecer nuevas amistades. Con el enfoque correcto, paciencia y apertura mental, es posible superar estas dificultades y crear vínculos significativos con los locales, enriqueciendo así la experiencia de vida en el extranjero.

Intercambio cultural: Al interactuar con los locales, tendrás la oportunidad de aprender más sobre la cultura del país, sus costumbres y sus creencias. Podrás descubrir nuevas formas de ver el mundo, desafiar tus prejuicios y ampliar tus conocimientos. El intercambio cultural mutuo enriquece a ambas partes involucradas y contribuye a crear un ambiente de comprensión y tolerancia mutua.

Apoyo local: Las amistades con los locales pueden brindarte un apoyo importante. Los locales pueden ayudarte a adaptarte a la vida en el nuevo país, proporcionándote información útil, recomendando lugares para visitar, ayudándote con el idioma y mucho más. Este apoyo puede hacer que la experiencia de vida en el extranjero sea más placentera y facilitar tu adaptación.

Conexiones con expatriados: Los expatriados, al mismo tiempo, pueden ofrecerte un sentido de pertenencia y comprensión. Compartiendo experiencias similares de vida en el extranjero, puedes sentirte comprendido y respaldado por otros expatriados que enfrentan los mismos desafíos y emociones. Las amistades con los expatriados pueden proporcionar un entorno en el que puedas compartir tus experiencias, preocupaciones y logros, creando un fuerte vínculo de apoyo mutuo.

Intercambio de conocimientos e información: Los expatriados pueden ser una fuente valiosa de información y consejos prácticos sobre cómo abordar los aspectos prácticos de la vida en el extranjero, como encontrar alojamiento, enfrentar cuestiones burocráticas o descubrir las mejores actividades para hacer en la zona. Sus experiencias pasadas pueden ser de gran ayuda e inspiración para ti.

Comunidad de apoyo: A menudo existen grupos y clubes específicos para expatriados, que ofrecen la oportunidad de conocer a otras personas que comparten tu experiencia de vida en el extranjero. Participar en estas comunidades de apoyo puede brindarte un sentido de pertenencia y conexión con personas que entienden tus desafíos y alegrías como expatriado.

Ampliar las perspectivas: Tanto las amistades con los locales como con los expatriados te ofrecen la oportunidad de ampliar tus perspectivas y ver el mundo a través de los ojos de diferentes culturas. Este enriquecimiento personal te ayuda a crecer como individuo y a desarrollar una mentalidad abierta e inclusiva.

Tanto las amistades con los locales como con los expatriados son valiosas y pueden enriquecer tu experiencia de vida en el extranjero. Apreciar la importancia de ambos tipos de amistad te permite crear conexiones significativas y experimentar la belleza de la diversidad cultural. Aprovecha las oportunidades que ofrecen ambos grupos y disfruta de las riquezas que ambas amistades pueden aportar a tu vida.

Conocer A Los Locales - Sumergirse En La Cultura Local, Asistir A Eventos Y Frecuentar Lugares Visitados Por Los Residentes

Una parte fundamental de la experiencia de ser un expatriado es la posibilidad de conocer a los locales, es decir, a las personas del país anfitrión. Estas conexiones pueden ofrecer una perspectiva auténtica de la cultura local y crear vínculos significativos. Aquí hay algunas estrategias para conocer a los locales y sumergirse en la cultura local.

Asiste a eventos y lugares locales: Participa en eventos culturales, festivales, exposiciones de arte, obras de teatro o conciertos en tu área. Estos eventos ofrecen la oportunidad de conocer a locales con intereses similares y sumergirte en la escena cultural local. Visitar lugares frecuentados por los residentes, como mercados, parques o cafeterías, también puede brindarte la oportunidad de hacer nuevas amistades.

Descubre la gastronomía local: La comida suele ser un

elemento central de la cultura de un país. Explora los restaurantes locales, prueba platos tradicionales y solicita recomendaciones sobre los mejores lugares para disfrutar de las especialidades locales. Comer juntos puede ser una excelente oportunidad para entablar conversación y descubrir nuevos aspectos de la cultura local.

Participa en clases o actividades locales: Inscríbete en clases o participa en actividades que interesen a los locales. Podrías considerar clases de cocina, danza tradicional, artesanía o idioma local. Estas experiencias no solo te permitirán adquirir nuevas habilidades, sino también conocer a locales que comparten tus pasiones.

Involúcrate en la comunidad: Busca oportunidades de voluntariado en organizaciones locales o participa en proyectos comunitarios. Estos compromisos te darán la oportunidad de conectarte con los locales y marcar la diferencia en la comunidad local. Mantente abierto a aprender de las personas que conozcas y a acoger sus perspectivas únicas.

Aprende el idioma local: Aprender el idioma local es una forma efectiva de conectarse con los locales. Aunque no siempre es fácil, hacer el esfuerzo de aprender al menos algunas frases básicas en el idioma local puede marcar una gran diferencia en las interacciones con las personas del lugar. Los locales apreciarán tu interés por su idioma y estarán más dispuestos a establecer una conexión contigo.

Sé respetuoso y observador: Muestra respeto por la cultura y las tradiciones locales. Observa atentamente los comportamientos y las normas sociales para adaptarte a las expectativas locales. Mantente abierto a aprender y a adaptarte a nuevas formas de hacer las cosas.

Cultiva la curiosidad: Demuestra interés por la cultura local haciendo preguntas y mostrando curiosidad por las tradiciones, las costumbres y la historia del país anfitrión. Procura aprender de quienes viven en el lugar y profundiza tu comprensión de la cultura local.

Conocer a los locales es una forma extraordinaria de sumergirse en la cultura local y crear conexiones auténticas. Asiste a eventos locales, descubre la gastronomía tradicional, participa en clases o actividades locales, involúcrate en la comunidad, aprende el idioma local, muestra respeto y cultiva la curiosidad. Estas experiencias te permitirán conocer mejor el país anfitrión y establecer relaciones significativas con las personas que lo habitan.

Interactuar Con Los Expatriados - Participar En Grupos Y Clubes Para Extranjeros, Aprovechar Las Redes De Expatriados Existentes.

Interactuar con los expatriados te da la oportunidad de conectarse con personas que comparten tu experiencia de vida en el extranjero. Estas conexiones pueden ofrecer un apoyo importante, crear lazos de amistad y promover la integración en la comunidad de expatriados. Aquí hay algunas estrategias para interactuar con los expatriados y aprovechar las redes existentes de expatriados.

Participa en grupos y clubes para extranjeros: Muchos países anfitriones tienen grupos y clubes específicamente dedicados a los expatriados. Estos grupos ofrecen un entorno en el que puedes conocer a personas que comparten tus experiencias y enfrentan los mismos desafíos. Participar en eventos y actividades organizados por estos grupos te permite conocer a otros expatriados, establecer conexiones y hacer nuevas amistades.

Aprovecha las redes de expatriados existentes: Si tienes amigos o conocidos que ya viven en el país anfitrión, pídeles que te pongan en contacto con otras personas en la comunidad de expatriados. Estas conexiones pueden ser un recurso valioso para presentarte a otras personas, brindarte consejos y orientarte en la vida en el extranjero.

Participa en eventos de networking para expatriados: Busca eventos de networking o conferencias para expatriados en tu área. Estas ocasiones brindan la oportunidad de conocer a personas de diferentes partes del mundo y establecer conexiones profesionales o personales. Investiga si hay grupos de networking específicos para tu profesión o área de interés.

Aprovecha las plataformas en línea: Utiliza plataformas en línea, como foros de expatriados o grupos en redes sociales, para conectarte con otros expatriados. Estas comunidades en línea pueden ofrecer apoyo virtual, consejos útiles y la oportunidad de conocer personas en la vida real. Busca grupos de expatriados específicos para tu país anfitrión o tus intereses.

Organiza encuentros informales: Planifica reuniones informales con otros expatriados para compartir experiencias, charlar y crear un sentido de comunidad. Puedes organizar cenas, noches temáticas, excursiones u otras actividades que interesen al grupo. Estos encuentros pueden ayudarte a establecer relaciones duraderas y crear una red de apoyo mutuo.

Comparte información y consejos: Contribuye a la comunidad de expatriados compartiendo información y consejos útiles con los demás. Puedes hacerlo a través de blogs personales, foros de expatriados o grupos en redes sociales. Compartir tus experiencias puede ser beneficioso para los expatriados que enfrentan los mismos desafíos y también puede conectarte con personas que comparten intereses similares.

Sé abierto a la interculturalidad: Al interactuar con expatriados, recuerda que provienen de diferentes partes del mundo, cada uno con su propia cultura y trasfondo. Sé receptivo a la interculturalidad, aprende de los demás y valora sus diferencias. Esta apertura mental fomentará relaciones significativas y enriquecedoras.

Interactuar con los expatriados ofrece una red de apoyo y un sentido de comunidad durante la experiencia de vida en el extranjero. Participa en grupos y clubes para extranjeros, aprovecha las redes de expatriados existentes, participa en eventos de networking, utiliza plataformas en línea, organiza encuentros informales, comparte información y consejos, y sé abierto a la interculturalidad. Estas estrategias te ayudarán a conectar con otros expatriados, compartir experiencias y crear un entorno de apoyo mutuo durante tu experiencia de vida en el extranjero.

CAPÍTULO 7: MANTENER AMISTADES DURADERAS

Invertir Tiempo Y Compromiso: Cultivar Amistades Y Organizar Actividades Recurrentes

Mantener amistades duraderas requiere compromiso y atención continua. Después de establecer conexiones significativas con los locales y los expatriados, es importante dedicar tiempo y energía para cultivar estas relaciones. Aquí tienes algunas estrategias para invertir tiempo y compromiso en mantener amistades duraderas.

Programa encuentros regulares: Establece un programa regular para reunirte con tus amigos. Puede ser una cena semanal, una salida mensual u otra actividad que prefieran. Tener un compromiso fijo ayuda a mantener vivas las relaciones y a crear un sentido de expectativa y compromiso mutuo.

Involucra a tus amigos en tus actividades: Invita a tus amigos a participar en tus actividades diarias o en tus pasatiempos. Pueden dar un paseo juntos, organizar una noche de juegos, cocinar juntos o asistir a un curso o evento. Involucrar a los amigos en tu vida cotidiana crea vínculos más sólidos y duraderos.

Muestra interés y apoyo: Haz preguntas sobre las vidas de tus amigos, escucha atentamente y ofrece apoyo cuando sea necesario. Muestra un interés genuino en sus éxitos, preocupaciones y pasiones. Estar presente durante los momentos difíciles y celebrar juntos los logros crea una base sólida para las amistades duraderas.

Comunicación constante: Mantén una comunicación constante con tus amigos a través de llamadas, mensajes, videollamadas u cualquier otro medio que prefieran. Aunque vivan lejos, es importante mantenerse en contacto y compartir sus experiencias y emociones. La comunicación regular ayuda a preservar el vínculo y nutrir las amistades con el tiempo.

Organiza eventos especiales: Planea eventos especiales para celebrar cumpleaños, aniversarios u otras ocasiones importantes. Puedes organizar una fiesta sorpresa, una cena en un restaurante favorito o una excursión para celebrar juntos. Estos momentos especiales crean recuerdos duraderos y fortalecen los lazos entre amigos.

Muestra gratitud: Siente gratitud por las amistades que tienes y asegúrate de que tus amigos sepan cuán importantes son para ti. Expresa tu aprecio a través de pequeños gestos amables, regalos significativos o simplemente diciéndoles cuánto te importan. La gratitud alimenta las relaciones y hace que las amistades sean aún más especiales.

Sé flexible y tolerante: Las amistades duraderas requieren flexibilidad y tolerancia mutua. Acepta que tus amigos pueden tener compromisos o responsabilidades que limiten su disponibilidad. Mantente abierto a los cambios y adáptate a las necesidades y prioridades de los demás. La flexibilidad y la tolerancia contribuyen a mantener una relación sana y duradera.

Mantener amistades duraderas requiere tiempo, compromiso y atención. Programa encuentros regulares, involucra a tus amigos en tus actividades, muestra interés y apoyo, mantén una comunicación constante, organiza eventos especiales, muestra gratitud y sé flexible y tolerante. Al invertir tiempo y compromiso, podrás cultivar amistades significativas y duraderas que brindarán alegría y apoyo en tu vida.

Enfrentar Conflictos De Manera Constructiva - Manejar Las Diferencias Culturales Y Resolver Las Discrepancias

Incluso las amistades más sólidas pueden enfrentar momentos de conflicto y diferencias. Abordar los conflictos de manera constructiva es fundamental para preservar las amistades y fortalecer los lazos. Aquí hay algunas estrategias para manejar las divergencias culturales y resolver las discrepancias en amistades duraderas.

Comunicación abierta y empática: Sé abierto a comunicarte abiertamente con tus amigos acerca de las diferencias o problemas que puedan surgir. Escucha atentamente el punto de vista del otro y trata de entender sus emociones y preocupaciones. Evita juzgar o atacar al otro, en cambio, trata de crear un espacio seguro donde ambos puedan expresar sus sentimientos.

Busca el diálogo constructivo: En lugar de permitir que las tensiones se acumulen, busca el diálogo constructivo para abordar los conflictos. Encuentra un momento y un lugar apropiados para hablar calmadamente sobre los problemas que te preocupan. Enfócate en soluciones en lugar de culpas o acusaciones mutuas.

Respeto mutuo: Mantén siempre el respeto mutuo durante los conflictos. Evita el lenguaje ofensivo o actitudes hostiles. Intenta ver las diferencias como oportunidades de crecimiento y comprensión mutua, en lugar de motivo de división.

Encuentra un terreno común: Busca puntos de encuentro o intereses compartidos en los que basar la resolución de los conflictos. Identifica objetivos comunes que ambos deseen alcanzar y trabajen juntos para encontrar una solución que satisfaga a ambos.

Busca compromisos: Está dispuesto a buscar compromisos y encontrar un punto medio en situaciones de conflicto. Comprender que cada persona tiene sus propios puntos de vista y necesidades puede ayudar a crear espacios de comprensión mutua y llegar a soluciones satisfactorias para ambos.

Involucra a un mediador neutral: Si los conflictos parecen insuperables o las emociones son demasiado intensas, considera involucrar a un mediador neutral. Una persona externa e imparcial puede ayudar a facilitar la comunicación y encontrar soluciones prácticas para abordar las diferencias.

Cultiva la confianza y el perdón: En el proceso de resolución de conflictos, cultiva la confianza mutua y el perdón. Está dispuesto a dejar ir situaciones pasadas y seguir adelante. La confianza y el perdón son fundamentales para mantener una amistad duradera.

Enfrentar los conflictos de manera constructiva requiere paciencia, empatía y compromiso. Comunica abiertamente, busca el diálogo constructivo, respeta al otro, encuentra un terreno común, busca compromisos, involucra a un mediador neutral si es necesario y cultiva la confianza y el perdón. Estas estrategias te ayudarán a superar los conflictos en tus amistades duraderas y a fortalecer los lazos que comparten.

Dar La Bienvenida A Los Recién Llegados - Ayudar A Otros Expatriados A Adaptarse Y Sentirse Como En Casa

Uno de los aspectos gratificantes de ser un expatriado es la oportunidad de ayudar a otros expatriados que llegan a tu país anfitrión. Dar la bienvenida y brindar apoyo a los recién llegados no solo crea un vínculo significativo, sino que también contribuye a construir una comunidad sólida e inclusiva. Aquí hay algunas estrategias para dar la bienvenida a los recién llegados y ayudarles a adaptarse y sentirse como en casa.

Ofrece tu apoyo: Está disponible para ayudar a los recién llegados con información, consejos y orientación. Comparte tus experiencias y ofrece sugerencias prácticas para enfrentar los desafíos comunes de la adaptación. Muestra empatía y comprensión por sus preocupaciones y brinda tu apoyo durante el proceso de adaptación.

Comparte recursos útiles: Proporciona a los recién llegados información útil sobre el país anfitrión, como servicios de traducción, médicos, escuelas, supermercados, transporte público, etc. Comparte contactos y recursos que has acumulado con el tiempo, para que los recién llegados puedan orientarse más fácilmente y encontrar los recursos necesarios para su vida cotidiana.

Organiza encuentros sociales: Organiza encuentros informales para presentar a los recién llegados a otras personas de la comunidad de expatriados. Puedes organizar una cena de bienvenida, una salida a un evento local o una actividad grupal para que puedan conocer a otras personas y hacer nuevas amistades. Estos encuentros proporcionarán un sentido de pertenencia y apoyo inicial a los recién llegados.

Ofrece consejos prácticos: Comparte consejos prácticos sobre normas sociales, tradiciones locales, costumbres y hábitos del país anfitrión. Ayuda a los recién llegados a comprender las sutilezas culturales y a evitar posibles malentendidos o situaciones incómodas. Comparte tus experiencias personales y ofrece sugerencias sobre cómo enfrentar situaciones comunes de la vida en el extranjero.

Invítalos a participar en actividades: Invita a los recién llegados a participar en actividades que realizas regularmente con tus amigos expatriados o locales. Preséntales lugares interesantes para visitar, eventos culturales imperdibles o pasatiempos comunes en los que puedan participar. La inclusión en actividades sociales te ayuda a crear un sentido de comunidad y pertenencia para los recién llegados.

Facilita la creación de redes: Presenta a los recién llegados a otras personas en tu red de contactos, tanto expatriados como locales. Puedes organizar reuniones o eventos informales donde puedan conocer a otras personas que compartan sus intereses o que puedan brindar oportunidades profesionales. Ayúdalos a crear una red de apoyo social y profesional en el nuevo entorno.

Sé paciente y comprensivo: Recuerda que cada persona tiene su propio ritmo de adaptación. Sé paciente y comprensivo con los recién llegados, brindándoles el tiempo y el espacio necesario para aclimatarse al nuevo entorno. Apóyalos durante los momentos difíciles y anímalos a perseguir sus pasiones e intereses.

Dar la bienvenida a los recién llegados es un acto de generosidad y solidaridad que contribuye a crear una comunidad de expatriados acogedora e inclusiva. Ofrece apoyo, comparte recursos, organiza encuentros sociales, ofrece consejos prácticos, invita a las actividades, facilita la creación de redes y sé paciente y comprensivo. Juntos, podemos ayudar a los recién llegados a sentirse como en casa en su nuevo entorno y a crear relaciones significativas durante su experiencia de vida en el extranjero.

CONCLUSIÓN

Ser un expatriado en busca de conexiones más allá de las fronteras es una emocionante aventura que nos brinda la oportunidad de explorar nuevas culturas, crear lazos significativos y descubrir aspectos inesperados de nosotros mismos. A lo largo de nuestro recorrido, hemos examinado diversas estrategias para cultivar amistades auténticas y duraderas, enfrentar desafíos y abrazar la mentalidad abierta.

Pero no olvidemos mantener un toque de ligereza a lo largo del camino. Mientras nos sumergimos en las tradiciones locales y vivimos nuevas experiencias, permítanos reírnos de nuestras torpezas y de los momentos imprevistos que la vida de expatriado puede traer. El humor nos ayuda a superar los momentos difíciles, a crear un ambiente de comprensión mutua y a mantener una perspectiva positiva.

Recordemos recibir el cambio con entusiasmo, aprovechar los recursos en línea para conectarnos de antemano y abrazar la cultura local con curiosidad. Participemos en actividades grupales, desarrollemos habilidades conversacionales y descubramos intereses comunes que nos permitan conocer a personas afines. Cultivemos relaciones auténticas, escuchando a los demás y compartiendo experiencias personales, mostrando empatía y respetando las diferencias culturales.

Enfrentemos los desafíos con resiliencia, superemos la soledad, aprendamos el idioma local y manejemos las diferencias culturales con sensibilidad. Y, finalmente, celebremos la riqueza de las amistades tanto con los lugareños como con los expatriados. Interactuemos con la comunidad local, participemos en grupos y clubes para extranjeros y disfrutemos de los beneficios de tener conexiones internacionales.

Que nuestro viaje en la búsqueda de conexiones más allá de las fronteras sea una experiencia enriquecedora, llena de risas, descubrimientos y lazos duraderos. Que nuestras amistades sean sólidas como rocas, brillantes como estrellas y, sobre todo, impregnadas de una profunda comprensión mutua.

Buen viaje en la exploración de nuevos horizontes y en el arte de conectarse con el corazón abierto.